ナホトカからティファナまで

一九七七年十一月〜一九七八年八月

鈴木正行

文芸社

ソビエト連邦
Soviet Union
ブラーツク
ノヴォシビルスク
バイカル湖
イルクーツク
ハバロフスク
モンゴル
朝鮮民主主義
人民共和国
ナホトカ
タシケント
日本
大韓民国
横浜
中華人民共和国

スウェーデン
フィンランド
ノルウェー
レニングラード
デンマーク
東ドイツ
モスクワ
イギリス
ベルリン
ポーランド
ロンドン
西ドイツ
ワルシャワ
オランダ
キエフ
パリ
ヴォルゴグラード
フランス
スイス
オデッサ
ソチ
黒海
ローマ
イタリア
スペイン
トビリシ
カスピ海
サマルカンド
ポルトガル
マドリッド
バクー
ブハラ
リスボン
トルコ
チュニジア
モロッコ
アルジェリア
リビア
エジプト
スーダン
エチオピア
ケニア

ニカラグア
サンアンドレス島
カルタヘナ
カラカス
ベネズエラ
パナマ
コスタリカ
メデリン
ボゴタ
コロンビア
ガイアナ
スリナム
仏領ギアナ
パスト
エクアドル
キト
グアヤキル
トゥンベス
ペルー
ブラジル
レシフェ
リマ
クスコ
ボリビア
サルバドル
ラパス
ブラジリア
コチャバンバ
ウユニ
パラグアイ
リオ・デ・ジャネイロ
サンパウロ
アントファガスタ
アスンシオン
イグアスの滝
チリ
ウルグアイ
メンドーサ
サンチャゴ
モンテビデオ
ブエノスアイレス
アルゼンチン

サンフランシスコ
アメリカ合衆国
ロスアンゼルス
サン・イシドロ
ティファナ
メキシコ
メリダ
メキシコ・シティ
ビジャエルモッサ
チチェン・イッツァ
ベリーズ
ベリーズ・シティ
オアハカ
パレンケ
ホンジュラス
グアテマラ
グアテマラ・シティ
デグシガルパ
エルサルバドル
ニカラグア
サンアンドレス島
サンサルバドル
マナグア
サンホセ
コスタリカ
カルタヘナ
パナマ
コロンビア
ボゴタ
ガラパゴス諸島
キト

目次

第二部　南米、中米編

南米

中米

第一部

ソ連、ヨーロッパ編

ソビエト連邦

拘束

ドアを入って来たのは、恰幅のいい私服のロシア人だった。彼はこちらに少し眼を向けると、後ろにいる、彼よりいくらか若く、そして大柄な、やはり私服の男を見つめた。

ここはハバロフスク駅内にある、とある一室。昨日（一九七七年十一月二十六日）、午前十一時十五分に、Nakhodka《ナホトカ》からの夜行列車で、約十五時間後に、私はこの町に着いていた。

私は下を向いている。もうかなり長い時間待たされていた。だからその二人とは明らかに違う、細身の、口髭をはやした制服の男――いつの間にか、この部屋に入って来ていた――に、話し掛けられた時《こと》には、少し戸惑った。彼は日本語を話していた。

「あなたがツーリストの方ですか？」

私はやっと、少し救われたような気がして、立ち上がった。

私を拘引した制服の大男はすでにここには居ない。その上司みたいな制服の男と、先に来ていた二人の私服は話している。こちらの安カメラが三人の間で弄ばれている。私は立ち上がったまま、彼等の理解できないロシア語を聞いている。

ホテル（「ツェントラーリナヤ」）を出たのは午前十一時半を回っていた。私は昨夜ホテルで知り合ったポーランド人とニュージーランド人が乗車したであろう、そのシベリア鉄道・モスクワ行きの列車の余韻を感じたいが為に、ハバロフスク駅に向かったのだった。

そこはインツーリストのガイドからもらった手書きの地図に示されたものより、余程遠かった。ホテルから四十分もかかって辿り着いたのだった。

そしてその待合室に入り、壁に掛けられた時刻表を眺め、彼等の乗ったであろう列車を確認した。

時刻表の処を離れ、さほど広くない、むしろ狭いと言った方がいい待合室内を歩く。こちらの風体は明らかにこの土地の者とは異なっていた。それはたった一つのことでも、遠くからでも判ることだった。つまり私にはこの季節、土地の者ならすべてが被っている、〝帽子〟がなかった。この酷寒の雪降る町を、それなしで歩いている者など居なかった。それはとても異様なことだった。

私は、どこからともなく見つめられている視線を感じていた。この国に入ったならば、すぐにそれを購入すべきだったのだが、まだそうしてはいなかった。二日前の夕方、入国下船したナホトカ港に免税土産物店があり、それも売られていたが、求めてはいなかった（その後の成り行きを考えれば、その時に求めていた方が良かったのだが)。

待合室の暖かい人いきれに触れ、長くそこに居た。そこにある売店でパンや紅茶を買う人たちを、見るともなく眺めていた。

ガイドブックのロシア語を見て、食べ物を注文しようと思っていた時、制服の大男(警察官なのかも知れない)に凝視されているのを知った。私の周りに居た人たちはその制服に、その場をゆずった。

彼はなおもこちらを強く見つめている。私は作り笑いをする。その場に居た人たちは敏感にこの時の空気を感じ取っていた。しかし私はまだ何も分かっていなかった。

私は再びガイドブックに目を落とし、注文しようと考えていた、「アイスクリーム」のロシア語を反復していた。

長い足が近づき、こちらを鋭い眼で見つめた。そして意味の分からないロシア語が始まった。私はここに至って初めて覚《さと》った。

『直に連行される』

その部屋には、テーブルが一つと長椅子と、折り畳み椅子二脚、そして木製のロッカーがあった。

私はテーブルに向かって直角に置かれた長椅子に一人坐らされた。恰幅の良い私服の民警が、こちらを真横に見る形に、テーブルに向かって坐り、その横後ろにもう一人の私服（民警）が坐っていた。こちらに声を掛けて拘束した制服の大男は居なくなっていた。通訳の日本語を話す、ブダペスト出身であるという、細身の男は、私と向かい合って坐った。

パスポートの提示が求められた。私は腹のベルトの中からそれを取り出し、相手に渡した。尋問が始まった。私は真実を述べれば良い。何も疚《やま》しいことはないのでそれでいい筈だった。しかし、日本での職業を訊かれた時には困った。スムーズに返答できない。そしてそのことが、相手の心証を悪くし、こちらを窮地に追い込んだ。

それ以後のどの問い掛けも、執拗をきわめた。相手は簡単には納得しない。職業は、「今はなく、旅行をし出したところだ」と言っても、全く納得はしてくれない。

「今、日本にはそんな若者が多く居る」

と言っても、この国では理解されないのだ。この国と日本では到底言葉では説明できない多くの違いがあるのだから。

私の心に、この旅行の終了が掠《かす》めた。まだ日本を発って数日しか経っていないのだが。

私はだんだんと身を縮め、しかし通訳の言う日本語には、誠意を込めてハッキリと答えた。

こちらのカメラは没収され、一時間後、その通訳に付き添われて、ホテルに戻った。

非常に疲れを感じていた。しかしその通訳は、こちらを一人にはしてくれない。彼は彼の自由時間を奪われたことへの恨みがましいことを言った。

日曜日の今日、彼はホロ酔い加減でマルクス通りを歩いていたという。そしてその時、彼もまた二人の民警に拘引されたのだ。それは勿論、彼が日本語を話せるからだった。彼の酔いは、彼の妻との喧嘩でのヤケ酒による酔いは、それで一遍に吹き飛んだ。

彼はこちらを食事に執拗に誘った。断り切れずにホテルのレストランに入ったが、しかし私には食欲は全くない。まして酒など、飲む気力など少しもなかった。

私は彼が、どのように思うか、いくらかの心配を抱きながらも、そのレストランを出て、彼を残したまま、部屋に戻った。彼はコニャックを飲み始めていた。ある意味ではこちらの進退は、通訳である彼の判断にかかっているのだったが……。

私はそのままの姿でベッドに倒れ込んだ。ロシア極東の冬の寒さを、嫌《いや》という程感じながら、悶々とした気を晴らす術《すべ》もなく、眼を閉じ続けた。

疑惑

翌朝九時過ぎに起床し、急いで着換えると、窓のカーテンを開けた。確かに一夜は明けていた（実は大きな不安もあってか、夜中に目が醒めて、咳をすると、手に少し血が見られた。それ程神経が……）。

月曜日。だが、何も昨日の日曜日と変わった様子はない。車の騒音も人の話し声も遠い。

私はしかし、もうこのホテルから一歩も外へ出られない。何の為のハバロフスク滞在であったのだろうか。歩いた道（動いた場所）といえば、あの忌まわしいことの起こる鉄道駅までの片道と、そして昨夜日暮れ時に行った、アムール川畔に建つ「インツーリスト」までの往復だけだ――昨夕、たぶん誰も居ないであろう「インツーリスト」まで行った。英語でも良い、何か話をしたかったからだ。この地に於いては、こちらの味方になると思えるのは、その国営旅行社以外にはないと思えたからだ。こちらのソ連内の旅行の日程表はそこが把握していたからだ。この国に於いては少しも勝手な旅行はできないのだったから。入国から出国まで、すべて事前に提出したスケジュールに沿って進められるし、宿泊ホテルも移動方法も指定されていた。

しかし歩いている道々、いやホテルを出た時から期待はほとんどしていなかった。日曜日である為に、そしてすでに午後五時を回っていたことで……。

それでもそちらへと向かったのは、ただ「インツーリスト」の所在を確かめたかったからだ。明日も行くであろうそこを知っておきたかったのだ。間違えることなく、ＳＯＳを発する為に。


物音に怯《おび》えていた。突然、ドアを突き破って入って来るであろうその民警二人に。そしてその後ろに立つ酔眼の通訳に。隣室からの風呂の水音に暫く神経を使わせられていた。

廊下の足音に耳を澄ます。

「君が先程、私に述べたことに対して、嘘を発見した。従って君を捕縛し、数日間の拘留を決めた。直ちに着換えて、その仕度をしなさい」

もう良かった。抵抗する気もなかった。部屋の鍵を閉め、二人の民警に挟まれながら、寝静まった深夜の廊下を歩いて行った。

ビュフェは四階にあった。私の部屋の二階からは階段を昇って行った。空腹感はあった。いや空腹というより、何か飲みたかった。部屋の水差しに入れてある水は濁っていた。それを寝起きの水として飲む気にはなれなかった。

パンとゆで卵を指差し、そしてチャイを注文した。ロシア式ソロバンが弾かれ、四十五カペイカが示された。三ルーブル紙幣を出すと、細《こま》かいのはないか、と訊かれた。

「いいえ」

こちらはすまなそうな顔をして答えた。周りには五~六人の客が居た。皆それぞれスタンドの前に立ち、何かしらのメニューの品を飲食していた。

私は空いていたテーブルにチャイとパンとゆで卵を置き、食べ始めた。カーテン越しに見える「レーニン広場」には、雪の中を歩く人がまばらだった。時折、バスや車がそのロータリーを、円を描くように通り過ぎてゆく。

食事を終え、部屋に戻るとコートを着て、階下のフロントに行く。

そこにある「インツーリスト」のドアは閉じられていた。しかし私はどうにかしなければならない。フロントの右隣に、「サービス・ビューロー」と、英語で書かれた文字を見つける。

明日発つ飛行便《フライト》の予約の確認をしなければならない。

そこに行く。カウンター内には誰も居ない。日本語で書かれた宿泊カードの見本が貼られていた。私はそれを見て滑稽にも気休めを感じた。とその時、奥の方で物音が聞こえた。

『誰か居る』

カウンターを抜け、私は奥の部屋に入った。そこには一人の日本人らしき女性が居た。

「すみません」

私は英語でその人に呼び掛けた。しかし、幸いにも彼女は日本語で返事した。

私は昨日あったことを話した。彼女は別に驚く風もなく、

「駅舎や列車の写真を撮っていなければ、問題ありません。カメラも戻って来るでしょう」

私は彼女の言葉の意味よりも、日本語を話す人に会えたことの方に喜びを感じた。勿論、ソビエトを旅行するのに、全くロシア語を話せないということは、破廉恥この上ないことなのだろう。しかし、今私にはそれだけのことを考えるゆとりはない。ただ安堵に、力が抜けてゆくのを感じた。

彼女に、明日のフライトの予約の確認を依頼した。彼女はどこかに電話し、

「明日の予約は大丈夫です。十時五分にブラーツクへの直行便が出ますから、八時にはそこのロビーに来ていて下さい。一昨日、あなたを市内観光にお連れしたガイドが、空港まで送って行きますから。いいですね」

彼女が、「ガラシャ」という名（たぶん日本人の血を引く、今はロシア人）であることを聞き、その部屋を出た。一昨日ガイドしてくれた女の人（も日本語を話した）の名は思い出せない。あの民警に尋問されていた時、どれ程彼女が側《そば》に居てくれたらと思ったことだろう。彼女の名前を記憶さえしていれば、もしかしたら呼ぶことができたかも知れない。そうなれば彼女が（私を）写したカメラを見て、何かしらの言葉を、彼等に言ってくれたかも知れない。

「本当にありがとうございました。できることなら、またお会いしたい」

ハバロフスクに三泊し（いい具合に、その後は、吐血を見ることはなかった）、その翌日の朝、この町を発つ空港で、私はリューダさん（この朝、彼女の名前を改めて訊いていた）に言った。

なんて優しい人なのだろう。なんて親切な人なのだろう。それはこの国では当然の旅行者とガイドの関わりに他ならないのだが、私は彼女の優しさを忘れはしない。寂しさと悲しさと、恐れから救ってくれたのは、彼女の声、そして瞳。

それはこの町に着いた日の、午後の観光の僅か二時間程の出会いだったが。その間の、彼女の「郷土誌博物館」での話は忘れられない。それが唯一あった二人だけの時間（その時以外は、車の運転手が居た）だったのだから。彼女にとってはただお客としての、旅行者でしかない私だったが……。

それは分かっている。ただこの町での、その翌日に起こったことからの不安を、彼女が救ってくれたのだった。彼女が同じこの町に居るというだけで、私はいくらか心穏やかでいられたのだ。昨日も一昨日も。

——拘束された、その翌日——


一歩も出られない部屋で、日暮れを見つめながら悪い予感が時間と共に広がっていく。

『いつ戻って来るのだろうか。こちらのカメラは』

いや必ず戻って来るだろう。しかしその時私は拘引されて、ここを出て行くことになるのであろう。徐々に不安は大きくなってゆく。

五時半、部屋の電話が鳴った。ためらう。しかしとにかく出てみなければならない。

「もし、もし」

「あー、スズキさんですか？」

あの懐かしい彼女の日本語が聞こえて来た。

『救われた』

と思う。

「明日の朝八時半に迎えに行きますので、いいですか。私がお迎えに行きますから、その時間までにロビーにおいで下さい。分かりましたか？」

「はい、分かりました。それで、もしもし……」

私の声は上ずっている。この電話が切れたら、それでもうおしまいかも知れない。明朝まで果たして、私がこのホテルに居るかどうか、自分には分からないのだ。電話を切らないでいるこちらを不審に思ったのか、それともこちらの声の異常に気づいたのか、

「何か困ったことが起きましたか？」

そう問われて、私は一息ついて、ゆっくり話し出した。

「困ったことが起こったのです。昨日私は警察に捕まりました」

「なに？」

「ケイサツに捕まったのです」

「ケイザツ？　ケイ……、何ですか？」

「ケイサツ。ポリース。分かりますか？　ケ、イ、サ、ツ、です」

「はい、警察がどうかしましたか？」

「私は、警察に捕まったのです」

「……」

「そして、カメラを没収されたのです」

「カメラを？　どうしてですか？」

「鉄道駅に居たら捕まって、カメラを取り上げられたのです」

彼女は意味がよく分からないらしかった。

それで私は改めて話す。今、この電話のみが事態を鎮めてくれる（かも知れない）唯一のものだった。

「昨日、警察に捕まってしまって、カメラを取り上げられたのです」

彼女は、彼女の内にある日本語を探しているようだった。彼女にはこちらのただならぬ声色と、「ケイサツ」という語彙から、すでに日本語で話す能力は失われていたようだった。

「分かりました。鉄道の警察に電話をして、聞いてみます。またあなたに電話をします。少し待っていて下さい。いいですね」

その声からこちらにも彼女の困惑しているのが感じ取れた。彼女はたぶん、その受話器を置くと、蒼ざめた顔で上司の処に行ったに違いない。しかし、こちらにはこうなったことをどうすることもできない。

ドアをノックする音が聞こえる。こちらの心は、だがすでに落ち着いていた。

『やっと来ましたね』

と言いたい位だ。

ドアの外に立つ、そのブダペスト出身の通訳を見た。彼一人の他には誰も居ない。ちょっと意外だった。

彼は部屋に入ると、自身が持って来たスーツケースを開け、私のカメラを差し出した。

「いいです。あなたは大丈夫です」

「……」

私にそれに対する言葉はなかった。しかし、私がその安カメラを手に取ると、彼は卑屈な笑いを作った。そして私はカメラのフィルムケースを開けた。

彼はカメラ以外には何も持っていなかった。問題のないフィルムなら——映っていたものをプリントアウトしていたなら——、当然その写真を（フィルムを）戻してくれても良い筈なのに……（リューダさんの写ったそれもなくなった）。

「何にもないですね」

カメラを見つめながら、彼にその意味が分かるかどうか、考えもなしに言った。

「僕は、インツーリストのハバロフスク支部長さんに会って、これを貰いました。インツーリストの支部長さん、みんな知っています。大丈夫、安心して下さい」

私は突っ立ったまま、彼を見つめていた。

「今日も二日酔いでね。民警に僕は逆らえないからね。民警には誰も逆らえません」

「……」

「大丈夫です。支部長さん、みんなこのことを知っています。安心して下さい。あなたは完全に解放されました」

私はそれに対して言葉を発しない。ただ、昨夜はすすめなかった、日本のタバコを一本抜き出して、彼に渡した。

彼はコートを脱ごうとした姿勢を元に戻し、スーツケースのフタを閉めて、再び、

「安心して下さい。もう大丈夫です」

と言いながら、部屋を出て行った。彼にとって全く迷惑なこと。その出来事を思い、お礼の言葉を彼に言っていた。

名前も知らない彼に、本当はもっと感謝の念を示さなければならないのかも知れない。あの時彼が、酔っぱらいながら、あのマルクス通りを歩いていてくれなかったら、あるいはその日にはホテルに戻れなかったのかも知れない。

彼の後ろ姿を見つめながら、もう一度お礼の言葉を言った。


インツーリストの流暢な日本語を話す人から電話があったのは、通訳氏が帰ったすぐあとだった。

こちらは問われるままに、改めて昨日の出来事を具体的に話した。そして少し前に、カメラが戻り届けられたことも伝えた。

「ガイドの彼女がとても心配して、警察や鉄道駅に電話してみたのですが、よく話が通じないので、私がまたあなたに電話したところなのです」

「それはどうもすみませんでした。ご迷惑をお掛けしました」

「それでは、明日の朝八時半に、ガイドのリューダさんが迎えに行きますので……」

「分かりました。お電話、どうもありがとうございました」

私は入るつもりもなかったバスタブの湯のつまみをひねると、もうすっかり暗くなった、プーシキン通りを挟んである、レーニン広場を窓から見下ろした。


翌朝、八時半を少し回った時に、リューダさんは運転手と共にロビーに入って来た。こちらは何も言えなかった。彼女は、

「さあ、行きましょう」

と言い、今入って来た玄関口に向かった。私は立ち上がり、彼女と共に歩いた。

「警察や鉄道駅に電話しましたが、分かりませんでした。すみません」

私は彼女の優しさに触れた。玄関を出ると、

「アムール川で写したの、無くなってしまいました。それでここで撮りたいのですが、いいですか？」

「はい、どうぞ」

彼女に撮ってもらい、そして彼女を写した。

空港で、彼女はすべての搭乗の為の手続きをしてくれた。

「本当にありがとうございました。できることなら、またお会いしたい」

彼女は少し微笑《ほほえ》み頷くと、アエロフロートの係員にこちらを託し、振り返ることなく、空港を出て行った。

心に温かいものが残った。

氷の下で

アカデムゴロドク（学術研究都市）敷地内にある「ストーン・ミュージアム」の建物の中に入るとオルガさんは、コートを脱ぎ、受付の脇にあるクロークに預けた。彼女のコート下は、全く軽い装いだった。少しミニのスカートを穿き、落ち着いた柄物のシャツを着ていた。それは私の想像の装いとは違ったものであった。私と同様、コートの下にも厚手のセーターを着ているものとばかり思っていたからだ。その装いだけを見ていれば、晩春を思わせるものだった。

彼女は小柄で、その装いが似合っていた。そしてそれがとても愛らしく、私には思えた。

ここはノヴォシビルスク。彼女はここの「インツーリスト」のガイドだ。

ハバロフスクを発って、その日はブラーツクに一泊し（半日、観光をしている）、その翌日、やはり飛行機に乗って、イルクーツクに着き、同じく午後の半日を観光に当てて、一泊した次の日に、この町に空路来たのだった。

彼女は丁寧に、そして熱心に説明し、その建物内を案内した。

石のコレクションは豊富で素晴らしかった。とても石とは思えないものがいくつもあった。それは緑色をし、碧色をし、金色をし、銀色をし、またカエルに見えるものもあり、貝にも海草にも、木の年輪にも見えるものもあった。オルガさんはそれらの一つを指差し、

「これは大変高価なものです」

と言った。だが、私にはどれもこれも、高価なもののように思われた。

彼女とゆっくりと一回りし、その館を出た。

この学術研究都市、建設当初の施設の長であったラウレンチェフの家の前にも石があった。それは石碑というのか、石塔というのか、雪に埋もれた中に、二十程のそれらが、立てられてあった。そのどれもが長い歴史を持つもののようだった。

いや歴史というよりも、太古の時代の石群であった。彼、ラウレンチェフが探検隊を組み、カムチャッカ方面で探し出して、この地に運ばれて来たものという。

彼は今はすでに隠退し、その眼前の青色の建物の中で余生を送っているという。私とオルガさんはその緑色の柵から離れ、雪を踏み、狭い歩道を歩いて車に引き返した。午後四時を回っていて、すでに空は薄暗くなり始めていた。

オビ海とも、オビ湖とも、オビ川とも、言われるそこの水は、厚く凍っていた。そしてその上に雪が降り積もっていた。彼女は雪を蹴り、その凍った部分を露《あらわ》にした。

「ホラ、凍っているでしょう。その下は水。あそこに遠く見える、とても遠く小さく見える沢

山の人たちは魚を獲っているのです。また一メートル四方の穴を氷に開けて、泳いでいる人も居るのですよ」

私は初め、彼女が、〝魚釣りをしている〟と言う説明までは理解できたが、そのあとの英語は分からなかった。

「SWIM」

と言う言葉は、今のこの光景には異常であったからだ。私は、また彼女がこちらの知らない語彙を使ったのだろうと思った。しかし、彼女は、

「信じられませんか?」

と言う。私は私が、何を信じないかが分からなかった。彼女は幾度も、同じ（泳ぐ）動作を繰り返した。

彼女は、自身の周り一メートル四方を手で描き、腕を振り上げては、振り下ろした。そして、

「氷を破壊するのです」

と言った。それからスイムになるのだった。

私は幾度目かにやっと、その簡単な語彙を理解した。そして初めて自信を持って、「信じられない」と返した。彼女はしかし真剣な眼差しで、

「本当のことなのです。私は一つも嘘なんか言ってません。あそこに行ってみますか?」

私は彼女の瞳を深く見つめ、信じた。私にはこの光景とスイムとが、どうしても結びつかな

かった。だが信じた。間違いなくそう思った。彼女はやっと、それで表情を緩《ゆる》めた。

「マイナス二十度もあるのです。私にはとてもできません」

日が暮れて、もうほとんど見えなくなり始めた、それらの人々を望んで、自然なるロシア人、という言葉がふと浮かんだ。素朴な人々よ、雪上の釣り人たちよ、そして氷の下のスイマーたちよ、「ダ・スヴィダーニャ（さようなら）！」。

車はオビ川を左に見ながら、やがて鉄道の高架の下をくぐり、クラスヌイ大通りに入った。レーニン広場にある鉄の枠組みは、〝NEW YEAR TREE〟を建て・飾る為に使われるのである。同広場を右に見て、レーニン通りを左折する。

私たちはホテルに着くと、明日の出発時間を確認して別れた。彼女は笑顔を作り、そして私は精一杯の感謝を込めて、「ありがとう」と伝えた。部屋への階段を昇りながら、ノヴォシビルスクの暖かさ感じていた。


「三時間後にあなたはタシケントに着くでしょう。タシケントはここに比べて、とても暖かいところです」

翌朝十時少し前、車は町で一番大きな会館の前を通り過ぎた。

「マイナス五度です。とても外は寒いです」

私はオルガさんの指差す建物を見つめ、その壁に表示された数字を認めた。

車は二十五分程で昨日降り立った、ノヴォシビルスクの国際空港に着いた。昨日と同じように外国人専用待合室に行き、チケットを係員に渡した。

彼女は私に近づき、

「私は戻らなければなりません。良いこの国でのご旅行を祈っています」

私は彼女の手を握り、ロシア語でお礼の、そして別れの言葉を言った。

少しの出逢い

その男から声を掛けられたのは、オルガさんと別れて十五分程経った頃だった。私は一人そのロビーで案内書を拡げ、これから行くタシケントの項を読んでいた。

「日本の方ですか？」

正確な日本語で話し掛けて来た。私は顔を上げ、

「そうです」

と答えた。彼は数分前、このロビーに入って来て、土産物屋でそこの女の人とロシア語で話していた。私はもう、私の眼にも珍しくなくなった東洋系の顔を持ったロシア人と思っていた。

「これから、どちらへ？」

「タシケントです」

その人はこの国では珍しいカラフルな色調の服を着ていた。

「そうですか。私はこれからモスクワへ帰るのです。仕事で昨夜ここに着いて、今日またモスクワへ帰るのです」

私はその物静かに話し掛けて来るその人に、ある種の親しさを感じた。

「失礼ですが、日本の方ですか？」

「いえ、朝鮮です」

私には、どうしてこのような流暢な日本語を話せるのか不思議だった。五十過ぎにはとても見えない。三十後半から四十初めのように思えた。

その人はこちらのそんな思いを際したかのように、二人の間にあった少しの沈黙のあとに、

「私は樺太で生まれたのです。そう一九三六年に。私は十歳までそこに居ました。その頃の友だちはみんな日本人だったのです。学校も日本のでした。でもやがて、第二次大戦になり、私たちを取り巻く状況は大きく変わってゆきました」

「……」

「やがて戦争は終わり、日本人はその町から皆居なくなりました。たぶん内地に帰ったのでしょう。私はまだ子どもだったので正確なことは分かりませんでしたが……」

「……」

「私のお父さんは朝鮮から樺太に来ていました。戦争が終わると、私も働き出しました。まだ

子どもでしたが、学校にはもう行かず、土木労働者となって。父は運転手などをしていました。私は電気の仕事をしたかったので、十三の時に家族と共にモスクワに出ました。そこで学校に入り直し、十年間勉強をし、電気技師を目指しました。しかし最初はロシア語が全く分からず、とても苦労しました。樺太では朝鮮語と日本語だけでしたから。でも一生懸命勉強してロシア語を覚え、電気技師の資格も取ることができました」

「それは良かったですね」

「それから電気関係の貿易会社に入り、その仕事関係でハンガリーに行くことになりました。首都ブダペストで生活が始まりました。そしてそこでハンガリー人の女性と知り合い、結婚をしました」

　私は、彼がかつての日々を思い出しながら話す顔を見つめていた。彼は冷たく晴れ渡った窓外を見つめながら、話を続けた。

「今はまた、家族の者みんなでモスクワに住んでいます。しかし来年の夏には、妻の国のハンガリーに帰るつもりでいます」

「樺太のことは思い出されますか？」

「懐かしいですね。一緒に遊んだサカグチさんやワタナベさん……。今は皆、日本のどこかで暮らしているのでしょう。もう私には全く分かりませんが……」

「御家族の方は？」

「お父さん、お母さんはもう亡くなりました。親戚の人たちもどこに居るのか……」

「今、朝鮮は二つに分かれていますね」

「はい、私のお父さんは北の朝鮮出身らしいのです。ですから親類の人たちもそこに居るらしいのですが。戦争が終わった時に皆、南へ逃げたらしいのです。ソ連に居る私たちは、北へは行けますが、南へは行けません。手紙を出しても、南へは届くかどうかも分かりません」

私は物静かに語るその人と、もっともっと話していたかった。しかし私はアエロフロートの係員に呼ばれ、そこを立たざるを得なかった。

その人の名前は知らない（訊いておけば良かったとの思いはある）。あの戦争によって人生が全く違う方向に進んでしまった――必ずしも日本の敗戦は、朝鮮の人々にとって悪いことではなかった筈だが――、その人にもう二度と会うことはないであろう。その人に対して、これからの日々が平穏で、心安らかであることを願わざるを得ない。

旅行とは、こんなものであろう。こんな刹那の、出逢いと別れ……。

タシケントとサマルカンド

電車＝三カペイカ、トロリーバス＝四カペイカ、バス＝五カペイカ。タクシーは、十カペイカから値上がって、二十カペイカ。

昨日、タシケントでガイドのネリーさんが教えてくれた交通機関の運賃だ。なるほど今までのどの都市も、その公共の乗り物は発達している。むしろそれ等が溢れている、といった感じだ。他の車両と言えば、荷物運搬のトラックか、軍の車である。自家用車らしきものは数える程しか走っていない。

渋滞といっても、いや日本人にはそれはとても渋滞とは思えない。だからなのか、歩行者は無秩序に横断する。道路は、どこでも横断可能なのだ。車の間を縫って渡ることは、ごく普通のことだ。日本のその規則正しい横断風景は、この国ではどこにもないような気がする。日本では、それだけのことをしなければ、人と車を捌き切れないということか。逆に、それだけの信号や横断歩道信号が整っているということか。

右側通行に慣れない私にとって、大通りでの横断は一《ひと》苦労である。加えてこの国の信号システムは日本と違う。日本人にはちょっと不思議なものだ。いや信号に対するこの国の人々の認識が、ということだ。つまり、青で止まっていたり、逆に「赤」で、平然と走り出したりするからだ。

運転技術やマナーも、日本が世界の中でも抜きん出ているように思われる。そしてここ中央アジアに於いては、特に運転者の歩行者に対するマナーはひどく悪い。

タシケントを訪れ、このサマルカンドに来て、あのモロッコやアルジェリアやチュニジアの町並を思い出す。それらと同じような光景が眼前に広がっているからだ。同じイスラム教徒が

ウズベキスタン。サマルカンド、レギスタン広場

住む町だからだろう。

近代化がまだ充分には届いておらず、また人々もそれを進んでは受け入れる風は見えない。その町角の壁に描かれたブレジネフの肖像が、これ程滑稽で色褪せて見えたことはない。

レギスタン広場の売店で絵葉書を購入する。売り子である男はその金額を言うが、こちらにはそのロシア語が分からない。彼は強い口調で繰り返す。私は持っている小銭を掌に広げ、彼の前に差し出す。

しかし彼はこちらの顔を見、痴呆を見つめるような顔をし、再びその額を言う。私は、本当の痴呆のように、言葉がない。私は現地人と間違われていたのだ。彼の顔はあまりにも日本人に似過ぎていた。

彼の側に居た女性が彼に何かささやき、そ

してこちらの掌からその代価の硬貨を受け取った。

道を歩いていても、私は珍しがられることもない。ただ白人がこちらの風体を見て、振り返った。この中央アジアでは、どんな人種がいても不思議ではないのだ。一応ロシア語を話し、その体裁を整えてはいるが、人々はソビエトに何の期待も尊敬もしていないようだ。

町が近代的に整備されていっても、彼等には関係はなく、その中世からの遺跡も、彼等にとってはただの建築物でしかない。彼等にとって必要なのは、そして関心のあることは、その日の生活であり、食への執着だった。

私にはソビエト中央政府がいかに動き回ろうと、これらの中央アジアの人々が、その意図に沿って動くことはないように思えていた。彼等の心の底にあるのは、レーニンでもブレジネフでもなく、ただ天空にある彼等の神（アラー）だけなのだから。

私はこの町に来て、国家的圧迫から解き放たれると同時に、今度は個々の人々の眼に圧迫を感じ始めた。それはこちらが旅行者故のことなのだが……。

ウルグ・ベク天文台跡も、シャーヒ・ジンダ廟群も、ビビハヌィム・モスクも、レギスタン広場も、遺跡としてはとても価値深いものだと思う。そして、往時を慕ばせる大変貴重なものだとも思う。

しかしそれ等はこれら人々（中央アジアのイスラム教徒）が居て、より強烈に観る者の心に残るのであって、もしこれ等が現代都市の中に囲われるように建っていたとしたら、これ程素晴らしいものとは感じられなかったであろう。

陥没する道を歩きながら、私は独りだった。

中央アジアの町、ブハラ

ブハラ空港からホテルのある町までの道中には何もなかった。ただ大きな看板が、色彩豊かな大看板が、曲がり角に一つあっただけだった。見渡す限り、枯木並木と乾粘土色の凸凹が広がっていた。サマルカンドの時のように、町中を抜けてホテルに至ったのとは違っていた。新市街となるべくホテルは建ち、そして周辺はその為の造成が始まっていた。今日が、日曜ということもあるのだろうが、擦れ違う車もほとんどなかった。

ホテル近くになって、少しの建物と、まばらな人影が見えただけだった。ここは明らかにア、ジアだった。紅毛も碧眼も背高の人も、どこにも見えなかった。

いつものようにガイドが一人、運転手が一人と、私一人の観光だった。ガイドのマストラさんは車に乗り込むとまず、

「ロシア語を話すか？」

と訊いた。話すことができても不思議ではない、私は顔貌をしていた。

「いいえ。加えて、英語も少しです」

彼女は楽しい人だった。彼女もまた、これまでのどこのガイドさんとも同じように、こちらが理解に苦しむ表情をすると、易しい言葉やジェスチャーで、また例え話を折り込んで説明してくれた。

途中から私たちはとてもいい雰囲気になった。それは彼女の天性の明るさから来ていた。彼女は、人生は楽天的に過ごしてゆかなければならない、といった堅固たるものを持っているようだった。

彼女は言う。

「配偶者、子供、そんなものは要らない。育児、料理、洗濯、掃除、それ等のことは私にとって苦痛以外の何物でもないからだ。私はだからずっと独身でいる。今、見学した〝アブドゥラジス・ハンの学校〟のところに男の人が居たでしょう。あの人は私があそこに行く度に私に言うの、『おまえはいつ結婚するのだ』と。でも私はその度に言ってやるの。『あなたのような男だったら、もらわない方がましだ』と。私は本当に独りの方がいいと思っているの。だって今は家に帰れば、料理も洗濯も掃除も、みんな母がやってくれるのだから」

彼女は見学箇所の説明をしている時は真剣で、そしてそれ等の合い間に冗談をポンポン挟んだ。私もつられて冗談を言ったが、英語でそんなことを言ったのは初めてだった。たぶんもうこれからはないだろう。

彼女は私が理解できないでいると、易しい言葉に言い換えて、こちらが納得すると、

「ダメな男」

と言い、ある時、私が間違って彼女の足を踏み、言葉に詰まっていると、

「ゴメンナサイ！」

と彼女の方から言った。

また、「カラーン・モスク」内にある、昔の金持ちの装飾具、衣類を見学した時、

「あなたは金持ち？」

と問い、

「貧しい男だ」

と答えると、すぐに、

「そう、分かるよ。あなたは貧しい男だ」

と肯定した。

彼女はまた、いくつかの日本語を知っていた。

〝camel《キャメル》〟を、「らくだ」と言い、〝desert《デザート》〟を、「さばく」と言い、〝wall《ウォール》〟を、「かべ」と言った。

私は彼女に、「いくつの言語を話せるのか？」と訊いた。

「六つかな」

「ロシア語と英語と……」

「ロシア語、英語、タジク語、ウズベク語、トルクメン語、キルギス語」

「すごいですね」

「それと、ドイツ語も少し……」

「あなたはとても賢い人だ」

「いいえ、ここで本当に賢い女の人は、こんな風に働いてはいない。賢い女の人は何もしないで過ごしている」

彼女が、そう勢い込んで否定する姿に、彼女の別の一面を見たような気がした。

私たちはそのコムナール通りに面した遺跡を見、そして向かい側にあるバザールに寄って、ホテルへと戻った。

カスピ海を見る

私はブハラに一泊し、翌日、飛行機でタシケントに戻り、そこで二泊したあと、朝八時十五分発のバクー行きのアエロフロート機に、搭乗したのだった。

一時間程をまた眠ったようだ。暑苦しさに目を覚ました。機は厚い雲海の上を単調に、そして正確に飛んでいた。陽光が、さらに上空にある為に、強く窓から射し込んでいた。

額の汗を手で拭《ぬぐ》いながら、窓外を見つめた。青く晴れた空に、もっと高い処に筋状の雲があった。二時間余り飛んでいた。厚い雲海が眼下に逼《せま》っていた。高度を下げ始めたようだ。同時に気圧の関係で、鼓膜への圧迫も一段と高まり、後方から赤児の泣く声が聞こえた。いつも心配するのだ。果たして生後数カ月のその鼓膜が、この変化に耐えられるのかどうかと。大人の私でさえ、時として耐え難く、痛く感じる時があるのだから。

一つ目の雲海に入った。窓外は厚い煙のような層が続いている。何も見えない。真っ白だ。数十秒後、いくらか薄らいで来ると、二つ目の雲海に入った。一つ目に比べて、形はなく、真綿のように優しい感じのそれだった。

耳への圧迫が強くなると共に、高度が下がってゆくのが感じられる。約五分間はあっただろう。一つ目の雲海から二つ目のそれを抜けるまでに。そして数分後、視界が展《ひら》けて、三つ目のそれの中に再び入った。それは薄い薄い流れるような雲だった。

もう直《じ》き現れるであろう海面を見守っていた。薄い雲が上空に流れるように去ると、思いがけない程間近に、濃緑色のカスピ海が眼下に見えた。どこまでも続くそれは、正《まさ》しく「海」であった。日本列島をスッポリ入れても、まだ余るという世界最大の湖だった。

湖色は一定しておらず、勿論深さの加減であろうが、濃緑色がほとんどだったが、時に碧色だったり、黒檀色だったりした。

海の中に細長く伸びた陸地が見え、次に家屋の建つ陸地が見え、畑の広がりが見え、そして正確にこのバクーの町の滑走路に着陸した。ほとんどバウンドすることなく滑り込んだ。赤児はしかし、まだ泣き止んではいなかった。

バクーに一泊し、翌日の夜行列車（九時五十五分発）でその地を離れ、翌朝十時四十分にトビリシに着いた。

そのトビリシでも一日観光をし、翌日にやはり夜行列車でそこを発ち、翌朝、ソチに着いた。その日は市内を観光し、翌日、昼少し前に飛行機でそこを発ち、二時間後（午後一時四十分）、ヴォルゴグラードに降り立ったのだった。

そしてその翌朝、市内観光へと動く。

「ママエフの丘に、これから行きますけれど、下から歩いて登って行って、頂上で車に乗りますか、それとも先に車で頂きまで行き、そこから歩いて下まで降りて来ますか、どちらがいいですか？」

下から登りながら、それ等のモニュメントを見るか、それとも上から降りながら見物するのか、どちらがいいかと、ガイドのクレコンバさんは訊いたのだった。私はなるべくなら歩くのは、下って行った方が楽だと思い、

「頂上から歩いて下りましょう」

と答えた。

ヴォルゴグラード、ママエフの丘
「母なる祖国像」

車は一度、広い国道に出ると、すぐにまた脇道に入った。その道を蛇行して登って行くと、突き当たりが頂上だった。

そこに建つ巨大（高さ五十一メートル）な女性像（「母なる祖国像」）を眺める。髪を後方になびかせ、右手に剣を振りかざすその姿は異様で、見る者に強い印象を与えた。

クレコンバさんはしきりに、「急いで」と言った。寒いから早くした方がいいですよ、という意味だった。

私はその像をゆっくりと眺めたかった。だが彼女が言うように、その寒さは腹の辺りから攻めて来て、コートで腹部《そこ》を覆わなければならなかった。

像の前を横切り、右に折れながら坂を下ると、円形をした建物が見え、そこから重苦しい荘厳な音楽が聞こえて来た。クレコンバさんは顔を寒風にさらしながら説明した。私はガイドブックを読む、そして彼女の言うことを復唱した。

寒風にさらされながらも不動の姿勢で立つ衛兵二人。当初人形かとも思った彼等だ。こんな真冬に、勿論それだけのものは着込んでいるのだろうけれど、大変なことだと思う。だがこれもやはり日本人《わたし》的な考えであって、彼等にとってそれは当然の、また栄誉ともすべき時間だったのかも知れない。

入口から壁に沿ってスロープを下ると、そこにも二人の衛兵が立っている。やはり厳粛・毅然として少しも動かずに。建物と言ってもそこは吹き抜けであって、寒さを凌ぐ構造にはなっていない。

風が巻きながら、吹いて来る。建物の中央にある塑像の手首に捧げられたトーチに燃える炎は、その度に揺れるが、決して消えることはない。

頭の下がる思いを感じながら、その建物の下の出口に彼女と立った。音楽はやむことなく続いていた。

雪を冠《かぶ》った長方形の池。彼女はそれを指差して、

「これはヴォルガを意味します」

階段を降りながらその両側の彫刻を見つめ、ここに来て思いを新たにする。誰も二度と戦争など欲している者は居ないのだと。

今ここに来ているのは僅かな人々だが、それ等の人々がすべて皆、私のように思っているものと考えたかった。その、雪を取り除く作業をしている軍服を着た、人たちも。

下りながらその巨大な女性像を何度も眺めた。彼女は剣を持ってはいるものの、寒風に向かって戦いを繰り返すな、と訴えているようにも見えた。母なるヴォルガ、そして母なるモニュメント。

十一時四十分に、宿の「インツーリスト・ホテル」に戻り、その食堂で昼食を摂る。

午後一時五十分に迎えに来たクレコンバさんとホテルを出て、五分後、鉄道駅に入る。彼女とはそこで別れる。彼女もその仕事に忠実で、とても優しい人だった

ローカル時間の午後二時半に、そのヴォルゴグラードを後にした。列車はそれまでとは違って赤い車両《はこ》だった。首都モスクワ行きだからだろうか、部屋内も何となく綺麗に感じられる。

同室の人々もほとんど白人で、不安感が薄らいだ。約二十時間の列車行だ。その後には、モスクワの街中がある。

少しずつそこが近づいて来るのが分かる。やっと落ち着く自分を感じ始めている。

モスクワ（一泊）→レニングラード（二泊）→キエフ（一泊）→オデッサ（二泊）。

それぞれの町で観光をしている。インツーリストが手配したガイドと共に。ソ連国内は、そうでなければ、観光はできない。

オデッサからキエフに列車で戻り、その日の夜行列車で、ポーランドに向かったのだった。

ポーランド

ワルシャワ

十二月二十三日、金曜日。

夜七時五十五分、列車はゆっくりと動き出した。窓の外には薄い明かりに照らされたホームが見えるだけだった。三番線から発車したワルシャワ行きの六八三列車は、すっかり暗くなったキエフの街中を確実に進んでいた。

不思議な気持ちだった。まだ明朝まではソビエトに違いないのに、次々とこれまでのことが甦って来る。ちょうどひと月前の二十三日に、ソビエト船・「バイカル号」に乗って、日本（横浜）を後にしたのだった。三十日間、急ぎ足の旅行をしているのだ。

重い疲労感があった――ただまだ終わった訳ではない。芯から落ち着いて眠れるまでには、まだ二十日近くの時間が必要だ。だが一つ目の旅行を、この列車と共に終えようとしていることも確かだった。

もう何も見えない窓外を見つめながら、ただこの車両内で、じっとしているだけだった。

翌朝八時四十五分、ソ連側の国境駅、Brest に着く。

列車に乗る客の出国手続きを終えた十時五十分、列車《それ》は同駅を離れ、国境の川に架かる橋を渡って、十一時四分、ポーランド側の Terespol 駅に着いた。

そして二十分後、同駅を発ち、ワルシャワ、Gdanska 駅には午後一時十分に着いた。

駅からは、日本で予約しておいたホテルへとタクシーで向かった。早く、列車泊で疲れた身体を休めたかった。

その「グランド・ホテル」に午後二時少し過ぎに着くと、今日はもう外出しなかった。

ホテルのある周辺は、死んだような静けさだった。その静けさはちょっと信じられない程に。

四階の部屋の窓から見える外の景色は寒々としている。活気というものはどこにもなかった。

到着翌日の今日は、クリスマスである。しかしそのことの賑わいは、やはりどこにもなかった。日曜である為か、それとも降り続く雨故か。ワルシャワの人々はどこに行ってしまったのだろうか。

雨、それはこの旅行にこれまで、縁のないものだった。だが昨日、今日と小雨は止むことなく降り続いていた。

十時、ホテルを出るが、しかしすぐに戻って来る。とても傘なくしては歩けなかった。小降りになるのを待つ。歩き出してしまえば、そこで大雨に打たれようとも仕方ないと思っていた。

早くこの町を見物してしまいたかった。雨の上がるまでずっと部屋に籠もっていることもできたが、しかし何故この国まで来たのか。そう思い、私は雨の切れるのを待っていた。お昼近くになって、やっと雨は上がり、ホテルを出る。

車もほとんど走っていない。バスと路面電車だけが、客の少ないその車体を揺らしていた。イェロゾリムスキエ通りを右に折れ、新世界通りに入り、そのまま進んで、十分程歩く。すると、次の大きな交差点から先は、その通り名が、クラクフスキエ通りに変わる。その辺りから、やっと人々の姿が見え出した。そこは階段を歩道から左右に伸ばしている場所だった。人々はそこを昇り降りしていた。

通りが展《ひら》け、右方に像が見える。私の方からは後ろ向きになって坐っていた。

コペルニクス像。

この町の人々は誰もその像に注意を払っていない。当たり前だ。住人にとっては見慣れた像なのだから。

コペルニクスは雨に濡れながら、一人坐っていた。こちらにはそれがとても淋しく感じられた。

その像からすぐ近くにある、「聖十字架教会」に人々は溢れていた。私のホテル周辺からは想像もできない程の人の群れだった。

建物の中はあまり広くなく、ただ奥行きはあった。神父が二階左側のバルコニーで聖書の一節を読み上げていた。私は右隅の壁に沿ってある長椅子に腰を降ろした。

神父の話す内容はこちらには勿論分からない。ただ人々が立ち上がると、立ち上がり、坐ると、私もそうした。このような建物内は、これまでもそうだったが、心を芯から落ち着かせた。

聖歌が唄われ、二階の後方からのバリトンと、神父との歌の交歓があった。教会の内に韻する音は、厳粛だった。人々は私語する者もなく、その朗読に、唄に聴き入っていた。

同教会を出て、五分程歩いた処にある、ビクトリア広場もサスキ公園も、閑散としていた。同じ処にある「無名戦士の墓」の前に立つ衛兵だけが、不動の姿勢で居た。消えることのない炎が、その後ろに揺れている。

この国の近世の歴史を思い、そして寒風の中に立つ二人の衛兵を見て、頭《こうべ》が自然に下がるのを禁じ得なかった。

再び大勢の人の群れを見たのは、ゲットー記念公園から新市街広場に入り、そして「バルバカン」のレンガの城壁に近づいた時だった。人々がその門内から、吐き出されるように出て来た。

人々には私のすべてが異様だったようだ。ロシア帽を被っている人は居なかった。ここの人は皆、毛糸のそれか、ハンチング、またはベレー帽の類の、軽い感じの帽子を被っていた。

しかし彼等の目を、ほとんど私は気にしなかった。ただ、異様な恰好《なり》だ、とは感じながらは歩いていた。

ソビエトのどの都市にもなかったように、この町の人々はこちらに対して無関心を装ってくれた。そんなことを一つとっても、違う国に来たのだ、ということを強く思い知らされた。

人々は皆、大人しそうに見えた。話す会話も必要以上の声は出さなかった。

日曜の今日、王宮広場を行き交う人々には家族連れが多かった。四～五歳位前の、小さな子どもは皆、父親に手を引かれていた。その長身と、そして子どもの背の、後ろ姿のコントラストは、私にとても温かいものを感じさせた。

同広場は工事中であり、折りからの雨と相俟って、道はぬかるんでいた。私はそこをすぐに離れ、再び元の道をバルバカンへと戻って行った。

広場の奥を左へ曲がってすぐ右側に、聖ヨハネ大聖堂がある。雨を避ける目的もあって、その中へ入って行く。

そこで結婚式を見る。カップルは、中央の絨毯を敷きつめた通路を歩いていた。両側には、私のような（たぶん）全くの他人で一杯だった。

花嫁のその純白のウエディングドレスは、建物の内で輝いていた。

大司教を中央に挟んで、三人の神父と向き合った二人は、神の前で跪き、大司教の話に耳を傾けた。オルガンとバイオリンが後方二階で奏でられ、そしてバリトンが聞こえてくる。向かって左端の神父との交歓があり、歌が終わると、バイオリンの音だけが響く中で、二人は大司教の前に進み出て、「誓いの言葉」を交わし、そして式は終わった。

彼等はこちらの坐る席の左側の通路を通って戻って来た。そして別のカップルが時を置かずして、やはり中央のその通路を歩み始めていた。

ワルシャワの一番の繁華街も、一番の大通りも、ただネオンサインが光るだけで、どの店も扉を閉じていた。日本人にはちょっと考えられないことだった。

クリスマスの日、銀座通りの店々が、すべてシャッターを下ろしているということなのだから。日本とは社会体制が違うこの国では、労働時間はしっかりと守られているということなのかも知れない。

しかし、旅行者にとって、これ程不便なことはなかった。何も飲食することも、買い求めることもできなかったからだ。まだ午後四時というのに、もうすっかり暗くなった、マルシャウコフスカ通りをホテルに向かって歩いて行く以外はなかった。

ポーランドを離れる

翌十二月二十六日もこの町に滞在し、やはり、ずっと歩いて、市内見物をして過ごした。

そして、次の日の午後十時三十七分発の夜行列車で、ワルシャワを離れた。

税関吏は遠慮勝ちにドアを開けると、車室の明かりを灯《つ》けた。十二月二十八日、午前五時に五分程前である。

私は三段ベッドの真ん中で寝ていた。上の者も下の者もこのことに慣れているらしく、すでにパスポートを差し出していた。

しかし私は熟睡していて、コートからそれを出すのに、手間取った。

国境に着いたらしい。吏員はパスポートを見ながら、訊く。指でお金を示す動作をしていた。私は、「ノー」と答え、まだ完全には覚めぬ眼で彼を見つめた。彼は何か言いた気《げ》だったが、それ以上、口を開かずにパスポートを返すと、こちらのコンパートメントを出て行った。

だがそれから二十分程して、同じ制服制帽の男が現れ、こちらは再びパスポートを渡さなければならなかった。ここで初めて、パスポートに残っていたビザに添付されていた、三枚目の紙片が取られた。ポーランドを離れるらしい。ソビエト出国時のように厳しいことはなく、また列車が止まることもなかった。それが走行中に行なわれていた。

何一つ厄介なことはなかった。私はただ、上方のベッドの底に頭をぶつけないように、気を付けていればそれで良かった。荷物検査もなければ、身体検査もなく、あるいは最初にやって来た吏員がそうだったのかも知れぬ、ポーランド貨幣の有無の確認や、入国の際に渡された外貨申告書の回収もなかった。

吏員はビザの処に出国のスタンプを捺《お》すと、別れの言葉を残して隣室へと移って行った。

東ドイツ

東ベルリンへ

そしてポーランド出国後、一分も経たぬうちに――どこにも列車は止まっていなかった――、同じ速度で走る中を東ドイツの吏員がやって来た。

上の者も下の者もパスポートを提示した。しかし私はその度に起き直し、コートのポケットに手を入れて、それを取り出さなければならなかった。

吏員はビザを確認し、そしてこちらの顔写真を入念に、それは室内灯の明かりを当てて透かすように確かめて、問題なしと納得すると、添付されていた紙片を二枚切り取った。

そして入国スタンプを捺すと、やっと笑顔を見せて、コンパートメントを出て行った。この間、最初のポーランドの吏員が来てから三十分余りが経過していた。

列車は相変わらず、止まる気配を見せない。部屋のドアは開かれ、明かりは灯《とも》ったままだった。慣れている筈の上と下の人たちが、そのままにしているので、こちらもそれに従っていた。

私は再び眠りに落ちる。しかしまた、

「パスポート、プリーズ」

と言う声に起こされ、吏員と対さなければならない。三人目の男が去ってから、三十分程経っていた。時計を見ると、六時を少し回っている。

時刻表によれば、今頃が国境の筈である。ソビエトからポーランドへの入国と違い、線路の狭軌・広軌の違いもなく——つまり、列車のそのことによる操作もなく——、全くスムーズに入国してしまったらしい。

この吏員は、ビザの再確認をする為の者らしい。確認が済むと、彼は灯《つ》いていた明かりを消し、ドアを閉めて出て行った。これでもうすべての手続きが済んだことのように思われた。

私は横になると、すぐに眠りに落ちていった。

この列車のベッドの幅はソビエトのそれよりも、ポーランドのそれよりも広かった。丈も長かった。前二国のは小さな私でさえ、足の先が時に車壁に触れることがあったのだ。

だがこの箱ではそのようなことはなく、また、落下止めのバンドまで設《しつら》えてあった。ただその分通路幅が狭く、部屋の中の荷物置き場のスペースも狭いのだが、このことは当然のこととして受容しなければならない。

七時を過ぎると、下の男が起き出し、洗面をした。こちらもその音に眼が覚め、窮屈な姿勢で彼のそれの終わるのを待った。

だが下の男が終わると、上の男が先に降りて来て、こちらはその成り行きで最後になる。二人の着換え終わるのを待たなければならなかった。

七時半過ぎ、ワルシャワから一緒の親切な車掌さんが来て、

「あと五分で到着する」

と教えてくれた。時刻表に書かれていた、リヒテンベルグ駅に着くものとばかり思っていたが、彼の口からは、そのような名は発せられなかった。確認すると、彼は、

「Ostbahnhof《オストバーンホフ》」

と繰り返した。この時初めて、Ost《オスト》駅に着くのだと知った。

すでに夜明けを迎えている窓外を眺める。この旅行に於ける最後の、日本で予約されていた都市に着いたのだった。この街を離れれば、長かった列車やホテルの予約のバウチャーから解放され、日時に関係なく、行動できるのだった。

下車する人々が狭い通路に溢れている。私は寝不足ということもあって、より細くなった目を努めて一杯に開けながら、ベルリンの街の夜明けを見つめていた。

プラットホームに列車が止まると（七時四十五分）、下車し、人々の行く流れと共に歩き、階段を下り、二つ先のホームへと上がった。

S-bahn《エス・バーン》（都市近郊鉄道）と表示してあるのを確かめ、あるいはこの「エス・バーン」を利用すれば、フリードリヒ通り駅に行けるのかも知れないと思った。

乗って来た列車の到着した方向とは逆の方へ向かう電車が来れば良いのだと思い、すぐに来

たそれに乗り込んだ。

出勤時間帯になっている為か、車内は混んでいた。しかしそれは日本のような殺人的なものではなく、乗り込むことに苦労は全くなかった。

案内書と、今見た駅にあった「エス・バーン」の路線図（地図）を思い出しながら、着く駅々の名を確認し、間違いなくこの電車で良かったことを知った。

乗って四つ目が、その「フリードリヒ通り」駅だった。この駅の先は、西ベルリンに入るらしく、またこの電車もここが終点だった。

駅舎を出ると、その建物を巻くように歩く。すると、すぐ目の前にこちらの泊まる予定のホテルはあった。その「メトロポール・ホテル」は聳えていた。

その豪華なホテルには全く似合わない風体のこちらだった。しかしここが日本から予約されたホテルなので仕方ない——日本で言えば……、適当なそれは思い浮かばない。たぶん東ベルリンではトップクラスのホテルの一つには間違いない。

私は自分のそのチンチクリンな風体と、この建物とが相応しくないと思いながらも、その入口を目指して歩いて行った。

寒さは感じられず、また天空は十分に朝の明るさになっていた。東ベルリンでの最初の朝は気持ち良いものだった。が……。

東ベルリン

ホテルの入口の重厚な扉を押して内に入り、広いロビーをレセプションまで歩くが、ちょっと気恥ずかしい。背は低く、着ているものも見すぼらしく、どれをとっても、このホテルには相応しくなかった。

案の定、そのレセプションで胡散臭そうに見つめられる。こちらが提示した予約用紙《バウチャー》を見ても納得しない様子だったが、パスポートの名前との照合を済ますと、仕方ないという風《ふう》な表情を作り、こちらの泊まる部屋の鍵を渡した。パスポートを返してもらって、その手続きは済んだ。

部屋で小休止後——備え付けの冷蔵庫にはアルコールを含め、各種飲み物が入っていた。またそれらを飲む為の、ウイスキーグラス、ワイングラスのセットも、それら専用の棚に並べられていた——、早速街中へと見物に歩き出した。

ホテルの前の一角では、新たなビルの建設工事が行なわれていた。その塀囲いには、「JGP」とマークされている。「J」は日本、「G」はドイツ、「P」はプロジェクトを意味していた。

そこには日本の大手建設会社のK社の名前が書かれてある。東独に於いて日本の企業が、そのビル建設に参加していることは、少し驚きであった。しかし昨夜のテレビには、日本の有名女優が出ていたし、そして日本の街並みも映し出されていたことを考えれば、思いの外、この国との関係・交流は深いのかも知れない。

ニュース番組ではそのキャスターの横に、ニューヨークとモスクワと、そして「トウキョウ」の時刻が示されていた。日本はこの欧州諸国にとっては、極東の国の中では、あるいは関心の高い国なのかも知れない。ただ、遠過ぎる故に、またアジア故に、一般の人々の関心は薄い。

彼等白人は——それは勿論一般的な意味でだが——、やはり顔の造りの違う人間とは、どこかで一線を画している。良い悪いは別として、生まれた時からすでに本能的に、そのような感覚が備わっているようだ。あまりにも遠過ぎて、実際に自分で見、肌に触れるということは、誰にでも出来ることではないからだ（東側に属するこの国の人々では尚更だ）。故にその伝統的な思いは消え去りはしないのだ。

またアジア人が世界のニュースの舞台に登場するということはあまりなかったから。たとえあったとしても、それは「ハイジャック」だとか、「爆弾テロリスト」だとかで、決して良い意味のことでは登場しない。そして何よりもアジアの象徴は、ベトナムなのだ。

ベトナムを知らない人間は世界のどこにも、まず居ない。そして私たち日本人も当然、彼等と同じ仲間なのだ。

白人にとって、日本人も中国人もベトナム人も皆同じなのだ。それは私たち日本人が白人を見て、すべて一緒くたにしてしまうのと同じように。白人に対してはどこの国の者であろうと、「外人」と言って、一緒くたにしてしまうのと同じように。

彼等の個々の国籍は違っていようと、私たちはその国名にそれ程関心はない。白人は外人であり、外人以外の何者でもない。

私もアジア人の一人であり、日本人ということは、ここ白人の世界に入っては、ほとんど意味を持たなかったのだった。

私は当然のように、いつも一人だ。「ペルガモン博物館」の広い館内を歩いている時も、また「Treptower《トレプトウ》公園」で、シュプレー川に浮かぶ水鳥を眺めている時も、そして「Tier Park《ティーア・パーク》」の動物園を彷徨している時も。

博物館内では、ドーリア、イオニアのギリシア古典建築様式に眼を注いでいる時も、私の側を団体が過ぎてゆき、再び空疎を感じる。その室内で取り残されたように、私は坐っているのだった。

そこは遺跡で採集された「モノ」を館の内に運んだというのではなく、遺物をそのまま置いて、そして屋根を設えて被せたと思える程に天井の高い大空間だった。隅にポツンと忘れられたように、私は坐っていた。

シュプレー川の水鳥たちは盛んに水中に潜り、エサを探していた。冷たくはないのだろうかと、つまらない穿鑿《せんさく》をして。

見物人はこちら一人。水鳥は川の流れに浮き、水鳥より少し大きい白鳥たちは、互いの体を突っつき合って遊んでいた。

他に元気のいいのは、「ティーア・パーク」内の動物園にいる、特段の厚遇を受けている、ライオンの子どもたちであった。温血動物である彼等は、冬は――外気の温度に関係のない――特別な建物に入れられていた。

ライオン、トラ、黒ヒョウ等の猛獣類は、といっても見た目程は幸福ではないのかも知れない。その狭い檻に閉じ込められ、ただその僅かな場所を往ったり来たりを繰り返すだけだったから。

その動物園は日本のどのそれとも違っていた。広いのだ。牧場を歩いている感じだ。加えて冬の、そして雨混じりの日にここを訪れる人は少ない。時々人影を見つけて、ここが確かに行楽施設の「動物園」なのだと思い至るのだった。それ程、どことも知れぬようになってしまう造りだった。人があまり居ないということは、そんな錯覚を与えるものだった。

動物園を出ると、「U-bahn《ユー・バーン》（地下鉄）」でシュトラウスベルガー広場まで出、そこから「カール・マルクス・アレー」を歩いて、アレクサンダー広場に戻った。もうすっかり日は落ちている。

風はとても冷たい。東ベルリンの中心のここは、しかし東京の銀座ほど明るくはなかった。それはその広さの違いによることもあったが。銀座のように、交差点に小っぽけなスペースが

東ベルリン側から見た、ブランデンブルグ門

生じるのとは違い、ここは正《まさ》しく「広い場所」と化す。

人々は縦横に往き来はしていたけれど、その人の顔を映し出す程の明るさはなかった。ただテレビ塔の、その塔を照らす光線が異様に白く、闇の中に映《は》えていた。

ホテルに向かって「ウンター・デン・リンデン」大通りを歩いて行く。東ベルリンでの夜（三泊目）も今日、十二月三十日が最後だった。


この東ベルリンに着いた日に、宿のホテルから、歩いて五分ほどの処にある、「ブランデンブルグ門」を、見に行っている。東ベルリン側からはその門のそばまでは行けず、百メートル近く離れた場所から眺めるだけだった。東西ベルリンを分ける門が、そこにあった。

翌、十二月三十一日、大晦日。

東ベルリンから、西ベルリンへ。

「エス・バーン」のフリードリヒ通り駅の東ベルリン側、その税関を歩いて通過したら（越えたら）、すぐの処に、西ベルリン側の税関があり、国境を越えていた。不思議な感覚だった。

この日と翌日の二泊は、西ベルリンのユースホステルに泊まり、市内見物をした。

勿論、「ブランデンブルグ門」も西側から見ている。ここでは、その門から二十メートル近くまで進めていた――その先には柵があって、勝手には門そばまでは行けなかったが。

そして次の日（一九七八年一月二日）、この旅行のしばしの休息地、イギリスに向けて動き出した。

西ドイツ、オランダ、イギリス

東ベルリン ↓ 西ベルリン、そして……

列車はすでに西ベルリンの、Zoo《ツォー》駅のホームに入っていた。時刻表によると、午前九時三十八分に到着している。

私は十時少し過ぎに乗り込む。前方車両は、西ドイツの首都の、「Bonn《ボン》」行きで、私の行く、オランダ、「Hoek van Holland《フック・ファン・ホランド》」の車両は後方に繋がっていた。

ファースト・クラスが一両、そして私の乗るセカンド・クラスが一両、そしてさらにその後方に、西ドイツ、「Köln《ケルン》」行きのそれがあった。

乗り込んだ時は、発車まで一時間もあった。車内はガラガラだった。念の為、各扉に貼られてある予約の札を確認しながら、その札のない席へ腰を降ろした。発車間際まで、ずっと同じ座席に腰掛けている。

しかし残念ながら、その列車の動き出す（十一時八分）十数秒前に、こちらの座席の予約者は現れた。扉に貼られる札の有無に関係なく、こういったことはよくあるのだった。

席を立つと、連結部へ行き、いつものように一人外を眺めて過ごす。車室内の通路には人が溢れていたが、そこは風を受け寒い為か、私の他には誰も居なかった。

人々の乗り降りが繰り返され、七時間程経った午後六時二十分、西ドイツ国境駅、Bentheim《ベンサイム》に着くと、ほとんどの乗客は下車し、私はやっと立たなくてもよい席を確保した。周りには空いた席が五つあった。このコンパートメントには私一人だった。ここは西ドイツとオランダの国境。

西ベルリンから乗り込んだ電車だが、二度目の、いや正確に言えば、三度目の国境通過だった。西ベルリン、Zoo《ツォー》駅を出て、東ベルリン、Griebnitzsee駅に着き（一回目）、そこで東ドイツを通過するトランジット・ビザを発給してもらい、次に同国を出る、Marienborn駅まで行き、再び西ドイツとの国境を越えて、西ドイツのHelmstedt《ヘルムステット》駅に着いたのだった（二回目）。ヘルムステット駅では十五分程停車し、約四時間後に、そのオランダとの国境駅、ベンサイムに着いたのだった。これから三回目の国境を通過するのだ。

それにしても、西ベルリンから東ベルリン、そして東ドイツから西ドイツの町へと……。

私にはその間、何とも形容しがたい光景があった。その間にいるのはドイツ人に違いない。当然話す言葉も同じだ。

東ドイツ税関吏員達は乗り込むと、その領域を抜けるまで乗車していた。トイレの中を念入りにチェックすることに違いは——ソ連の吏員達と——なかったが、しかし西ドイツ国民とのやりとりは、何かしらお互いに親しみを押し殺した風があった。

税関吏員達も丁寧に尋ね、視線にも態度にも、鋭さは少しもなく、ただ規則としてそれを遂行しているかのごとくであった。

乗客は大半が西ベルリンから西ドイツに帰る人たちであった。吏員達はちょうど私の居る連結部で、前部車両からと後部車両からの人たちが会い、皆仕事が済んだという表情で言葉を交わし合っていた。私には彼等が制服を脱げば、乗客と見える。東も西も全く分からない、見分けがつかない、同じ人であるに違いないと思われた。

西ドイツ → オランダ

そして、オランダとの国境である。

しかしここもまた、ごくスムーズに簡単に、それは不思議な程の短さで終わった。まだ西ドイツを抜けていないというのに、西ドイツの吏員と連れだって、オランダの吏員はやって来た。オランダに入国する者は旅券を示し、そのベンサイム、西ドイツ内で下車する人は頷《うなず》くだけで、彼等は隣の部屋へと移って行った。

列車は動いている。果たして、オランダの吏員はどの駅から乗り込んだのか。私は間違いなく西ヨーロッパに入ったのだった。

ドイツ人にはドイツ語で、そしてこちらには易しい英語で話し掛けたそのオランダの吏員は、制服のとても似合う凛々《りり》しい好男子であった。

小さな国オランダは、そんな意味でも謙虚さが、国全体に沁み込んでいるのかも知れない。それはある意味では、ポーランドと共通点があるのかも知れない。両国には自国語がありながら、ポーランド人は、強国のロシア語やドイツ語を巧みに使い分け、そしてオランダ人は、ドイツ語、英語を流暢に話す。あるいは日本も、どこかの国と陸続きであったならば、彼等の国と同じようになっていたのかも知れない。

フック・ファン・ホランド駅にほぼ定刻の午後十時十分に着いた。乗客達は下車し、そしてホームを歩き、乗船口へと長い行列を作った。

順番が進み、人々は港に横付けにされている船へと乗り込んで行く。

その税関を抜けると、すなわち英国であるような感じがした。

夜十一時、しかし船内は煌々たる明かりが灯っている。

船内には「バー」があり、「ビュッフェ」、「免税店」、「ディスコ」があり、また小さな「カジノ」もあった。

人々はバーに入り、ビールやウィスキーを飲み、煙草の売店前では免税故に行列を作って、それを買い求めた。

またディスコでは踊りに興じ、そしてカジノでは、サイコロの目の合計に一喜一憂していた。

夜中二時近くには眠気の限界が来て、壁際の円形に繋ぎ並べられた椅子に坐って、私は眼を閉じた。

煌々たる明かりと絶え間ない騒音とで、容易に眠ることはできなかったが、眼を閉じ続け、身体を休め、眠りへの誘《いざな》いの訪れるのを待った。いつか自然に眠りに落ちるだろう。

身体の痛さで眼を醒ましたのは、早朝四時四十五分だった。不自由な姿勢は眠りからも連れ戻す。再度の眠りを諦める。

コーヒーを飲みに、ビュッフェへの階段を上がり、そしてそれを飲み干すと、ただ椅子に坐って入港を待っていた。

オランダ → イギリス

出港時もそうだったが、入港時も全く分からぬ程の静かな接岸だった。午前八時ちょうど（イギリス時刻、七時ちょうど）、イギリスの Harwich 港に着いた。

人々の流れと共に下船すると、やはり行列を作り、入国の為の審査（パスポート・コントロールと税関）を受け、それを終えると、ロンドン行きの列車に乗り込んだ。

時計を一時間戻す。大陸とイギリスとの間には時差があるのだ。それでも定刻より三十分以上遅れていた。

八時二十五分、同地を発つ。日は充分に昇っていた。

窓外には田園の光景が続く。列車はたぶん、時速八十㎞程で走っているようだ。並行してある道路を走る車は、よりスピードを出しているようで、容易にこの列車を追い抜いて、車窓の視界から消えて行った。

途中ノンストップで走った列車は、やはりそれだけの遅れを出したまま、一時間半後の九時五十五分、ロンドン、リバプール・ストリート駅に到着した。私には約五年ぶりとなる懐かしい街だった。一九七八年一月三日、火曜日である。

その後、ロンドンに四泊したあと、イギリス南部の町、Brighton《ブライトン》に行き、そこで約三カ月程を過ごした。

そして三月下旬に、その町をあとにし、ロンドンに出て、三月二十八日(夜中一時十分発)、ドーバー海峡を船で渡り、フランス、Dunkerque《ダンケルク》に入り(二時間二十分後の午前三時三十分着)、南米への道を歩み出したのだった。

ヨーロッパでの動き

フランス→スイス

フランスに入った三月二十八日、そのままダンケルク駅から、スイス、Basel《バーゼル》へ向かう列車に乗り込む。イギリス、ブライトンの語学学校で知り合った、スイス人のヨセフ氏（以下、ヨセフ）の住む処へ向かう。その旨の話はついていた。

午前四時四十二分発のそれで（発車は五分遅れの同四十七分）。

バーゼルには同日の午後二時八分に着いた。ここがフランスとスイスの国境駅となっていて、列車を乗り換える。出入国手続きは西ヨーロッパなので、面倒なことは何もない。

バーゼル発、午後二時四十一分、三十数分でその国境駅を発っている。

そして約一時間後の三時三十四分、Sursee《スージー》駅に着く。プラットホームに降り、改札口を出ると、ヨセフが待っていてくれた。

駅近くのカフェでコーヒーを飲み、その後、五時発のＰＴＴ（公営）バスに乗って、彼の家のある、Triengen《トリエンゲン》に行く。

十分後にそのバス停に着き、下車し、そこから歩いて十分もかからない処に彼の家はあった。そこには彼のお母さんと妹さんが居た。

この日から三泊、この彼の実家にお世話になる。この村はスイスの長閑《のどか》な村だった。正《まさ》にス、イスらしい平和そのものの村だった。

四日後の三月三十一日、ヨセフと共にその家をあとにする。お母さんと妹さんにお礼を言って。

午前十時二十七分、PTTバスに乗って、トリエンゲンを離れ、同四十分、スージー駅に着く。そして同五十一分発の普通列車に乗り込む。

Luzern《ルツェルン》駅には十一時十五分着。この町には「ライオンの記念碑公園」と、その公園の中に「博物館」があって、それらを見物する。ヨセフが案内してく

スイス。ルツェルン、「ライオンの記念碑」前に立つヨセフ氏

れている。こちらは今夜（正確には日付の変わった深夜）、この町を列車で発つが、夕食まで一緒に居てくれるようだ。一人で居るより勿論その方がいい。

「ライオンの記念碑公園」と「博物館」を見て、午後二時過ぎには、カペル橋を渡って、そしてマーケット・商店街を歩いて行く。

午後五時半頃、ルツェルン駅に戻り、列車の時刻の確認をして、「Capital Hotel」のレストランへ行く。夕食を摂るのだが、ここでヨセフのイトコという男性と会う。

三人で夕食を摂ったあとの、八時少し前に私は二人と別れて、同ホテルをあとにする。まだ列車の発車時刻には四時間程ある。その後は一人で時間を潰す。この国、この町、夜に一人で歩いていても、何の心配もない。

九時十分に駅舎に入る。あとは待合室で乗り込む列車の改札を待つだけだ。

この町からイタリア、Milano《ミラノ》へ行く。

その列車は日付の変わる午前零時少し前に到着し、そして同八分、ルツェルン駅を発った。

イタリア

スイス—イタリア国境間でのパスポート・チェックはなかった。夜中ということもあったのか。

ミラノ中央駅には約五時間後の四月一日、午前五時十分に着いた。まだ外は暗い。明るくなるのを、そして銀行の開くのを、駅の待合室に居て待つ。

七時に駅舎内にある銀行は開き、そこで米ドルからイタリア・リラに両替する。これでやっと町中に出て行ける。

七時十分、地図を片手に歩く。初めての街なので、どの道を行ってもいいが、見物箇所としている「記念墓地」を目指す。

八時にそこに至るが、墓地なので十分程居てそこを出る。次に、「Duomo《ドゥオモ》」へ向かう。

そこには、同四十五分に着く。そこは「ミラノ城」に隣接していて、その城も見物する。また、「平和記念公園」、「平和の門」も近くにあり、それらも見て、そして同公園内で少し時を送る。

十時十五分、同公園を出て、少し離れた処にある、「サンタ・マリア・デレ・グラツェ教会」へと向かう。今日の午後零時五十五分発の列車で、Venezia《ベネチア》に向かうので、午前中のみしかこの街を見て回る時間はない。本当に主な観光場所しか行けない。それも歩ける範囲の。

同教会を十一時五分に出て、次は「サント・アンプロジョ教会」に向かう。そこには十分後に着き、十分程そこに居て、ミラノ中央駅へと戻って行く。

途中、再び「ドゥオモ（大聖堂）」辺に出たが、そこで道に迷ってしまい。中央駅には予想より遅い午後一時に着いてしまう。列車の発車予定時刻より五分遅くなってしまったが、この辺がこの国のいいところで、まだ発っていなかった。

そしてその列車は定刻より十五分遅れの、一時十分にミラノ駅を発った。

ベネチア駅には午後四時三十五分（定刻は同二十七分）に着いた。

駅内にある「インフォメーション」で安宿を紹介してもらう。今夜一泊ということもあって、駅から近い処を伝えると、七千リラの「フロリダ・ホテル」を紹介される。日本円で約二千三百円だが、仕方ない。

駅から歩いて二分程の処にそのホテルはある。朝食付き、またシャワーもあるので納得する。

夕食に出るが、簡単なパスタを食べて、六時二十分にはホテルに戻り、もう外出しない。

ユーレイルパスで車中泊

翌朝、ホテルで朝食を摂り、荷物を携えてチェックアウトする。八時四十七分に昨日着いた鉄道駅に入り、その荷物を駅の「一時預け」に預けて、この町の見物へと動き出す。午後五時少し過ぎの列車の時刻まで、動いていられる。

駅を出ると「リアルト橋」に行く。二十分後の九時十五分に至る。

次に「サンマルコ広場」へ。歩いても十分もかからない。その広場で時間を潰す。このベネチアで最もベネチアらしい場所だ。「溜息の橋」を渡り、運河沿いに歩いて行く。

何も特別することはない。ただ時間を送るだけ。

十一時四十五分、同広場を出て、アカデミア橋を渡って、「アカデミア美術館」へ行く。

歩いて十分、そこに着き、館内を見て回る。特別、展示物に興味がある訳でもないが、観光場所なので。

小一時間程、同美術館で過ごし、再び「サンマルコ広場」に戻って来る。

同広場にある、「サンマルコ寺院」や「コッレール博物館」に入り、三十分程見学し、また近くにある「鐘楼」にもエレベーターで昇る。

そして三時二十五分、同広場を出て、リアルト橋を通って鉄道駅前へと戻って来る。しかし駅内には入らず、「Giardino Papadopoli 公園」へ行く。

四時に同公園に着いたが、特別なこともなく、五分後にはそこを出ている。

そしてベネチア駅へと戻る。この町の見物を終了する。納得している。

今日（四月二日）から一週間程を、宿代を浮かせる為に、列車中泊をする。ユーレイルパスを持っているので、一等車なので、それは快適で問題ない。むしろ安宿より快適なこともある。

夜行列車に乗って、次の朝着いた町を見物して、夜また列車で移動して、その日を終えるという。

今日はベネチアから Bologna《ボローニャ》に向かい、そこで乗り換えて、Lecce《レッチェ》へ向かう。ボローニャからレッチェへ向かう車中で、日付が変わることになる。

ベネチア駅を午後五時十四分（定刻は同四分）、列車は発った。

一等車に乗れているので車中は快適だ。コンパートメントの部屋には最大で六名入れるが、六名居ることは少ない。四名とか五名とか、あるいはこちら以外に一名のこともあって。やはり人数が少ない方が気は楽だが……。

ベネチア駅を発った時には、私を入れて五名がその部屋に居た。一等の客なので静かである。ボローニャには二時間程経った、七時三十分に着いた。ここで列車を乗り換える。駅待合室で時間を潰し、九時六分発のレッチェ方面行きの列車に乗り込む。ここでは定刻に発っている。

この列車中でこの日は終わる。コンパートメント内は暖かく、座席のクッションもいいので、自然に眠りに落ちる。もし部屋に三名より少ない客の場合は、脚を伸ばして眠れる。そしてボローニャからはいい具合に三名だったので、それぞれ坐る対面の座席を引っぱり出して、そこに足を乗せて、身をいくらか横たえる。このまま途中の駅で乗り込む客が居なければいいけれど……。

どうやら、起こされることもなく夜明けを迎え、そして、ボローニャを発ってほぼ十二時間後の午前九時二十分に（定刻は八時三十七分）、レッチェ駅に着いた。

次の列車は同十一時二十五分発だ。それまで駅周辺を歩いて過ごす。どこをどう歩いてもいい。町中を気の向くままに動いて行く。

一時間程歩いて、十時四十分、レッチェ駅に戻って来る。イタリア半島が、長靴の形をしていると言われるが、この町はその長靴の踵辺にある町だ。

十一時二十五分、レッチェ駅を列車は発つ。次は、ボローニャから来たルートを戻った途中にあるBari《バーリ》駅だ。そこでまた乗り換える。とにかく宿泊代を浮かせる為に、行ったり来たりをして目的地に着くようにしている。うまく夜行列車を利用し、次の目的地に行く。

バーリ駅には午後二時二十分（定刻は一時四十八分）に着く。次のレッチェ方面へ戻る、Brindisi《ブリンディシ》行きには一時間半程ある。ここでも駅のほんの周辺を歩いている。

二十分程で駅に戻っている。そこの待合室で時間を送る。

三時五十分定刻の列車は、九分遅れでバーリ駅を発った。

ブリンディシには、同五時五十五分（定刻は同三十七分）に着いた。今日はここからの夜行列車で一夜を明かす。その為に行ったり来たりをしている。

十時四十分発の列車に乗る。明朝六時四十分に、Napoli《ナポリ》に着くことになっている。

そしてそのように時間を送る。ブリンディシ駅前辺を少し歩いて駅に戻り、その列車の出る時刻まで駅舎内に居る。夕食は駅内にあるビュッフェで、ピザとカフェで済ませている。

ブリンディシを夜十時四十分、定刻に発つ。

ナポリ→ポンペイ→ジェノバ→ピサ→フィレンツェ

ナポリには翌朝六時三十五分に着く。

ここでも夜までの時間を見物に当てる。ナポリ中央駅より地下鉄で（地下鉄はユーレイルパスは使えないが）、約一時間、Sorrento《ソレント》へ行く。八時五十分になっている。この駅でトイレに入り、洗面等をして、九時二十分に駅を出る。

駅前通りを左に折れ、商店街を通り、路地を進みトンネルを抜けると、海辺に出た。

海辺を歩き、十分程でそこを出て、来た道を戻り、駅前通りに出る。そしてユースホステルを確認する。泊まるつもりはないので入ることはせず、ただその建物を見て、海を見下ろすベンチに坐って休息する。

ソレント駅に戻り、十一時五分、地下鉄に乗り、ナポリ駅に戻る。次は、Pompei《ポンペイ》に行く。電車（私鉄で、やはりユーレイルパスは使えない）でナポリから四十分程、午後一時九分にポンペイに着く。ここではその世界的にも有名な「遺跡」を見る。

遺跡の傍らに小公園があり、そちらに先に入って、そして遺跡へと入場して行く。

確かに一見の価値があると思えるものだった。一時間半程、その遺跡を見学している。

そしてポンペイ駅に戻り、そこから電車に乗ってナポリ駅へと戻って来る。そこからユーレイルパスの使える国鉄駅へと、移動する。四時二十五分に入る。

ナポリ駅四時四十八分発の、首都Roma《ローマ》行きの列車に乗り込む。しかしここでは多くがそうであるように、定刻通りではなく、五十分程遅れの五時三十五分にナポリを発った。

終着駅のローマには八時四十五分（定刻は七時四十七分）に着いた。今日はここから、Genova《ジェノバ》行きの列車中で日付が変わる。

ローマ発十一時二十分、定刻通りだった。

暖かいコンパートメントの部屋で翌朝五時には目を醒まして、同二十五分、ジェノバ駅で下車する。ここからはやはり、ローマからの折に通過していたPisa《ピサ》へと戻る。

三十五分後の六時ちょうどに、ラピッド（急行）列車はジェノバを発った。

ピサ駅に七時五十一分に着き、下車し、少し駅舎内に居て、有名な「ピサの斜塔」へと歩き出す。

駅から二十分の八時三十五分に、同斜塔に着く。斜塔は「ドゥオモ」付属の鐘楼であり、誰でもそこに入ることはできる。そして階段を昇って、高さ五十五メートル程の、上方の展望スペースへと行く。

斜塔、傾いている。そして昇る階段も当然傾きを感じるものだ。何となく――そんなことはないのだが――、今にもこの塔が倒れるようにも思われ、展望スペースには十数分居て降りてくる。

下に降りて、その周辺を見て回る。次はFirenze《フィレンツェ》へ行くが、そこへの列車は十一時三十分発なのでその時刻に合わせて、暢《のん》びり過ごしてゆく。

ピサ駅にはそれでも十時三十分には戻っている。出発時刻より一時間も早いが、特別もう見る処もなくなったので。

今夜も夜行列車を利用するために、余分なルートを辿ることになる。

ピサ駅を十一時三十五分に発つ。そしてフィレンツェには午後一時十五分に着く。この町を午後六時少し過ぎまで見て回れる。ほぼ半日時間がある。有効に動いて行く。

フィレンツェ駅を一時五十五分に出る。この駅はサンタ・マリア・ノベラ広場に面しており、その広場を横切って、ストロッツィ宮へ行く。この町には著名な見処が多く、ガイドブックを持ってそれらの見物箇所を見て回る。

ストロッツィ宮には十分後に着き、次にフィレンツェ広場へと。

そして、ベッキオ宮→ウフィツィ美術館→アルノ川畔→ベッキオ橋と歩いて行く。その橋には二時二十五分に着き、渡り、次にピッティ宮、ボーボリ庭園に行き、同庭園に二時三十分に入っている。ここで少し時を送る。暢びりとする。

四十五分後、同庭園を出て、ミケランジェロ公園には三時三十分に着き、頂上広場辺でゆっくりとしている。今夜もまた夜行列車で、この日を終える予定だ。

頂上広場を四時五分に出て、グラツィエ橋→サンタ・クローチェ教会→ベッキオ宮→フィレンツェ広場→シニョーリア広場→ドゥオモに四時五十分に至っている。

ドゥオモ（サンタ・マリア・デル・フィオーレ大聖堂）で十五分を過ごし、次にサンジョバンニ洗礼堂が隣接してあるので、そこにも入り、そしてその堂内に十分程居て、フィレンツェ駅に五時三十分に戻って来る。この町での観光を終える。

午後六時十四分発の「急行《EX》七〇六」に乗り、フィレンツェをあとにする。

ミラノには午後九時四十五分に着き、下車し、夜行列車を待つ。

同十一時十五分発の「急行《EX》七一五」に乗り込み、ローマへと再び向かう。

ローマ

ローマ・Termini《テルミニ》駅には、翌朝七時二十四分（定刻は同四分）に着く。四月六日、木曜日。

今日も夜行列車で移動するが、今回はそれまでの半日程を、暗くなるまでの間を観光して過ごす。

荷物は小さなバッグ一つだが、それでも身軽になりたくて、いつものようにそのバッグを駅の「一時預け」に預けて、七時四十分にテルミニ駅を出る。

五分後、国立博物館に至り、その前を通ってボルゲーゼ公園に八時に着く。

そして、シエナ広場→カネストレ広場→ナポレオン広場→ピンチョの丘へ。同丘には九時二十分に立っている。

そして次は「バチカン」を目指して適当に歩いて行く。まだ午前中である。時間は充分にある。

サンピエトロ広場には十時二十分に着く。そしてその広場を囲む建物、大聖堂を見物して歩く。この町にあっては外せない観光スポットだ。そして確かにそこに二時間程居る。

午後零時二十分、同広場を離れて、エマヌエーレ2世橋を渡り、ナボーナ広場へ。そしてパンテオンへ。

次にベネチア広場。そこからテベレ川辺に戻り、小丘を経由して、コロッセオには二時十分に着く。天気はいいので歩くのに問題はない。

コロッセオを十五分後の二時二十五分に出て、ベネチア広場に行き、そこからトレビの泉へ。「トレビの泉」、ここもこの町での外せない場所だ。三時十分になっている。多くの旅行者がその半円に形作られた泉の前で過ごしている。何がしかのコインをその水の中に投げ込めば、再び訪れることができるとのことで、何人もの男女がそうしている。私もこの国の最も安価に近いコインを投げ入れる。特別、再び来られなくてもいいのだが。

十分間居て、そこを離れる。すぐそばにあるクイリナーレ宮殿前を通り、バルベリーニ広場を五分後に見て、システィーナ通りを歩いて行く。

スペイン広場には三時三十五分に至っている。ここも有名な観光場所。その階段に多くの（たぶん）旅行者が居る。こちらは一人その階段を昇り、天辺《てっぺん》まで行って、昇って来た階段からその広場方向を眺め、少しして同じ階段を下って行く。下に至って、広場に面してある、「カフェ・グレコ」に入り、カプチーノを飲む。この店も有名な処で、多くの客が店内にいる。

こちらは話す相手もいないので、それを飲み終えると、十分足らずでその店を出る。スペイン広場をあとにする。

次のバルベリーニ広場には、スペイン広場を出て十分後に着いている。ここは見ただけで通過する。

次に共和国広場。「五百人広場」とも呼ばれているそこにも、やはり十分後に至っている。ここでは三十分程を時間潰ししている。

四時四十五分、同広場を出てナツィオナーレ通りを行く。とっととっとと、義務的に歩いている。観光箇所を、「見た」、そこに「行った」と言えればいい。何を見ても、特別な感想はない。こちらの旅行はそんな旅行。どこが良かったとか、悪かったとかは、その個々人の思いに他ならないのだから、そんなことを言っても無意味だ。だから、「見た」「行った」、ということでこちらの場合はいいのだ。自己満足だけの旅行に過ぎない。いつの旅行（国内、国外を問わず）もそうだ。

サンタ・マリア・マジョーレ教会に五時十五分に入り、その雰囲気を感じて、十分後にそこを出る。これでこの町での観光は終了する。これで私には充分だった。

五時三十分、テルミニ駅に戻って来る。預けた荷物を取り出して、今夜の列車を待つ。十一時二十分発のそれだ。明朝、Nice《ニース》で下車する予定の列車だ。四月二日から五回目の列車中泊だ。暖かい車内なので何も問題ない。そしてこの車中泊は、あと二夜続く。

ローマ → ニース → マルセイユ

一九七八年四月六日、木曜。夜十一時二十分、ローマ・テルミニ駅を定刻に発った列車は、翌朝十時十五分（定刻は九時五十七分）、フランス、ニース駅に着いた。両国間には時差があり、一時間進めた十一時十五分。

同二十分、駅を出る。次の列車は午後零時七分発だ。それまでの四十分程を駅周辺を歩いて過ごす。何を見るというのではない。ただ世界的な観光避暑地のここを、海辺へと。

しかし、三十分後の同五十分には駅へと戻っている。予定の列車を逃すことはできないので早めに戻って来る。今日はあと二回、乗り換えるのだった。

定刻零時七分に、急行列車は同駅を発った。目的地はMarseille《マルセイユ》。そこへ行って、次にLyon《リヨン》行きの列車に乗り換える。イギリス、Thomas Cook《トーマス・クック》社発行の時刻表を片手に、このヨーロッパの列車を見つけている。

時刻表の読み方は、ほとんど日本のそれと同じなので、戸惑うことは何もない。従って「夜行列車」を見つければ、それを目指して大回り、あるいは行ったり来たりすることも問題ない。ユーレイルパスを持っているので、その期限内なら、西ヨーロッパの鉄道は（大陸内ではない英国は除くが）、すべて乗車できる。それも一等車に。だからこんなルートを辿っているのだ。

マルセイユには、やはり定刻通りの午後二時三十一分に着く。ここでは次の列車まで二時間程ある。

港町なので、駅を出ると港へと歩いて行く。いくらか下っている坂を行けば、一本道なので海辺へと自然に至る。新港、旧港二つあるので旧港を目指すが、そちらは少し離れているので、途中で引き返す。やはりベッドで寝ていないので、いくらか疲れも感じていて。

三時三十分、マルセイユ駅に戻っている。次の列車の発つ一時間半程を、待合室のベンチに坐って、身体を休めている。

リヨン行きの急行列車は、定刻の四時五十四分にマルセイユを発った。

三時間後の午後七時五十四分にリヨン・Perrache駅に着いた。すでに真っ暗だが、次のスペイン、Barcelona《バルセロナ》行きの列車の時刻まで四時間半程あり、少しこの町を見物する。といっても、中心にあるベルクール広場へ行くだけだ。

歩いて十五分程で同広場に着き、そこで何をするともなく、ただ人々の往き来を見て過ごす。

二十五分程居て、やはり歩いてPerrache駅に戻って来る。バルセロナへ行く列車はこの駅からではない。なのでそちらの駅へと向かう。公営バスに九時に乗り込み、五分後そのバスは駅前を発車した。

目的の、Brotteaux 駅には同二十分に着く。ここからバルセロナへの列車は発車する。しかしその時刻までまだ三時間もある。そうここを発つのは夜中零時二十八分の予定だ。

列車を待つというのには慣れている。宿代一泊分を浮かすので、何の気迷いもない。宿を探す手間も省けるというものだ。充分、ヨーロッパの列車を堪能《たんのう》している。

スペイン、バルセロナ

フランスとスペインとの国境駅、Port Bou《ポル・ボウ》駅には翌朝の六時五十分に着く。一時間程、同駅に止まっている。この間、何もしない。ただコンパートメントの部屋に居るだけだ。他の客も同様にしている。

七時四十八分、やっと列車は動き出す。

朝の空気を切って走る。こちらは適当に車窓に目を向けながら。

十時四十分、バルセロナ・フランサ駅に着く。今夜は六時四十五分発の、首都、Madrid《マドリッド》行きの列車中泊だ。それまでの時間をこの町の見物に費やす。ほぼ丸一日ある。

駅舎を十一時二十分に出て、市内見物に動き出す。

三分後、「シウタデリャ公園」に入る。この公園は広い。ゆっくりと時間を潰すことにする。友人達に絵葉書を出す為の文章書きをする。しばらく振りのことだ。天気もいい。ベンチに坐ってそれを続ける。時間は充分にある。七人に書いて、昼零時五十分、同公園を出る。それらの葉書を出す為に、郵便局へ行く。十分後にそこに入り、切手を貼って投函し、二十分後、そこを出る。あとはこの町中を適当に歩いていればいい。港沿いのラパス広場に五分後には入っている。小一時間そこで過ごし、ランブラス通りを通って、市場内にある食堂スタンドで昼食を摂る。特別好きなものもなく、また嫌いなものもないので、どのような食堂でも問題ない。

三時十分、その食堂を出て、十分後、カタルーニャ広場に入る。

三十分程、そこに居て、次に凱旋門へ行く。裁判所前公園に、その門はある。フランス、Paris《パリ》のそれと同様にドッシリしていて、下から見ると威圧感がある。

そこを出て次に大聖堂へ行き、その大聖堂内に三十五分居て、裏路地を歩き、ライエタナ大通り→アントニオ・ロペス広場を通り、バルセロナ・フランサ駅に戻って来る。五時五十五分になっている。それなりに動けて、納得する。

バルセロナを夜六時四十五分に発つ。今夜も車中泊である。次(明日)はいよいよマドリッドである。

南米へと動き出す

マドリッド

マドリッド・Chamartin駅には翌朝八時五十分に着いた。駅内のインフォメーションで安宿の情報を訊き、そこへと移動する。同駅から地下鉄の駅、Pl. Castilla駅へ歩く。

十三分後の九時十八分に着き、二分後に来た地下鉄に乗り込む。そして下車駅の「Jose Antonio《ホセ・アントニオ》」には十八分後に着き、そこからは歩いて三〜四分で、ペンション「Postes」に着いた。一泊朝食付で二百八十ペセタ（約千百円、他にシャワー代五十ペセタ）、プラス、駅での紹介手数料六十ペセタである。

小さな荷を置くとすぐに（七分後）、町中見物へと出て行く。今回はこの町には一泊しかしない。明日の夜行列車でポルトガルに向かうからだ。この町には一九七二年十二月に来ている。五年四カ月ぶりだ。あの頃と雰囲気は変わっていないように思えている。

ペンションを出て（九時五十分）、すぐ近く（三分後）のプエルタ・デル・ソルを通って、マヨール広場には十時に着いている。人々も暢びりとゆっくりと広場を歩いている。

十五分後、そこを出て、次に「オリエンテ広場」へと行く。バイレン通りを挟んで、そこには王宮があり、アルムデナ大聖堂も、アルマス広場を、王宮と囲むように建っている。すぐ近くには、サバティーニ庭園、ドン・キホーテ像のあるスペイン広場もあり、それぞれをサラーと見物して、ホセ・アントニオ通り（Gran Via《グラン・ビア》）を歩いて、宿へと戻って行く。とにかく名所を観光すればいい。十一時四十五分にペンションに戻っている。

部屋で休む。いや、ベッドで眠る。ここ一週間程、車中泊を繰り返していたので、やはり疲れも出ている。

午後三時に再び動き出す。二時間以上眠っている。再びプエルタ・デル・ソルを通って、今度は逆方向、アルカラ通りを歩いて、「シベレス広場」へと向かう。暢びり地図を見つめながら歩いている。

同広場に同十五分に着き、そこからアルカラ門、レティロ公園へと動く。それぞれ五分程で着く。

レティロ公園に一時間程居る。多くをベンチに坐って過ごしている。ただボーッと過ごしている。特別な目的もなく、旅行するだけの私の旅行とはこんな風なのだ。何を見ても、あまり感慨はない。

四時三十五分、同公園を出て、プラド美術館前を通り、Atocha《アトーチャ》駅に同五十五分に入る。明日乗る予定の列車の時刻の確認をする。明日はここから一時間半程にある、Toledo《トレド》に行って半日その町を見物して、夜にマドリッドに戻って来る。そしてまた夜行列車に乗って、ポルトガルに向かう予定だ。

アトーチャ駅を五時四十分に出て、ベナベンテ広場、プエルタ・デル・ソルに出て、そこにある安食堂で安価な食事をして、六時四十五分、宿に戻り、この日を終える。


翌朝十時三十五分――チェックアウト時刻十一時近くまでいる――、宿を出てアトーチャ駅へ行く。

十一時五十五分発のトレド行き列車は、五分遅れの正午にマドリッド（同駅）を離れた。

トレド駅着午後一時三十五分。この町にも五年前（一九七三年二月）の最初の欧州旅行の折に来ている。

駅から十分で城壁口に着く。そして今回もその城壁内、見所周辺を歩く。実は前回来た時に、この町に居た子ども達の写真を撮っていた。その頃は小学三～四年生位だったが。その子たちが居れば、その写真を渡そうと思って。

しかし周辺を歩いたが、その子等らしき者には会わなかった。それで一時間後（二時四十五分）、「軍事博物館」に入る。前回にも入っている。狭いこの町、城壁とこの「軍事博物館」と「大聖堂」と「エル・グレコ美術館」以外に見物する処はないと言っていい。

四十分後、同博物館を出て、町中を歩いていた時、中学生高校生位の男の子たちに会う。よ

スペイン。トレド、大きくなった子ども達と、その父親

く見るとその中に前回の折に撮った写真に写る子が居る。身体は大人と同じ程に背が伸びている。十五～六歳になっている。

そしてその子に写真を渡す。驚いた表情を見せるが、はにかみながらもそれを受け取った。そこに写る子、五人。他の子たちにも渡して欲しいと伝えて、その人数分を渡す。これでこの町を再訪した一つの予定が実行できて安堵する。

そして、今日そこに居た大きくなった子ども達三人と、そのうちの一人の父親の写真を、改めて記念に撮っている。

大聖堂に向かう。子ども達と別れて五分後の三時五十分に入っている。このような建物内はどこも厳《おごそ》かだ。見るからに異邦人のこちらが入って行っても、誰も咎めたりはしない。椅子に坐って休息をする。

四時十分、そこを出て、次に「エル・グレコ美術館」へ向かう。そこへの道端にある土産物屋を覗きながら行く。

同美術館に四時四十五分に入り、グレコの描いた絵画を見学している。絵を見る素養はないので、ただ眺めているだけ。ここも二十分程居て、出る。

そして城壁口へ出て、来た道を駅へと戻って行く。五時四十五分には駅に入っている。ちょうど一時間後の六時四十五分、マドリッドへの列車は同駅を発った。

マドリッド・アトーチャ駅着、八時二十八分。約三時間後の夜行列車でポルトガルの首都、Lisboa《リスボン》へと向かう。一つ一つ予定をこなしてゆかなければならない。

ポルトガル、リスボン

アトーチャ駅を夜十一時十五分、定刻に列車は発った。すでに何度も書いていることだが、ユーレイルパスの一等車に乗れているので快適だ。同じコンパートメントに四人以上入らない限り、足を伸ばせて眠れる。

そしてこの夜も誰も居らず、ゆっくりと眠って行ける。

リスボン・Santa Apolonia《サンタ・アポロニア》駅には定刻より一時間十分遅れの、翌朝十時五十五分に着いた(スペイン時刻では十一時五十五分。時差があり、一時間戻している)。

同駅を三十分後に出て、コメルシオ広場まで行き、そこからプラタ通りを右折する。フィゲイラ広場からロシオ広場に移り、同広場に隣接する、鉄道の「ロシオ駅」に十一時四十五分に着く。今日はこの町に宿泊するので、すぐに宿探しに動く。情報にあった安宿、「Pensao《ペンサオ》 Sevilha」には正午に入っている。

午後一時五分、その宿を出て動き出す。この町ではやらなければならないことがある。この町から南米、ブラジルに向かうのだ。その為のビザと、航空券を入手しなければならない。道に迷いながら、やっと二時ちょうどに「ブラジル領事館」を探し当てる。早速ビザの申請をする。

その申請用紙に必要事項を書き込んで、それを提出する。それは受け付けられ、「明日には受け取れる」と聞いて、同領事館をあとにする。ちょうど一時間が経っていた。

そこからの帰路は迷うことはなかったので、二十五分で宿に戻れている（三時二十五分）。次にブラジルに飛ぶ為の航空券を入手しなければならない。「VARIG《バリグ》航空」へ向かう。宿を四時に出る。

十分後、そのオフィスに着いて、ブラジルへのフライトの情報を訊く。勿論、首都のブラジリアや、最大都市、リオ・デ・ジャネイロや、サンパウロへのそれもあるが、なるべく同国の北部のどこかの町に降り立ちたいと考えている。そしてそこから旅行しながら、リオ・デ・ジャネイロ（以下、リオと略すこともある）方面へ目指したいと。

すると、リオより北に約二千㎞の処にある大西洋に面した町、Recife《レシフェ》へ飛ぶ便があるという。その便を予約する。ちょうど一週間後の火曜日のそれである。

明後日にチケットは発券されるということで、代金はその時に支払うということで合意し、私はそのオフィスを十分後に出る。

次に日本大使館へ行く。手紙が届いていれば回収したい。バリグ航空のオフィスから五分程の距離にあった。いい具合にそれは届いていて、それを回収し、ついでに日本の新聞を読ませてもらい、閉館時刻十分前の四時五十分にそこを出る。

あとはリベルダーデ大通りを見物しながら、そして安食堂で夕食を摂って、六時二十五分に宿に戻る。ゆっくりベッドの上で眠るつもりだ。

この町には二泊する。

次の日は丸一日、見物して過ごす。宿を午前十時三十分に出て、動き出す。

見物した処を記してゆく。

フィゲイラ広場→聖ジョルジェ城（約二時間居る）→フィゲイラ広場に戻り→コメルシオ広場→川辺の公園（午後二時頃発）→ずっとTejo《テージョ》川に沿って、西方向へと歩く→サラザール橋下→エリンケ航海王子記念碑→ベレムの塔（三時二十五分着）→近くの路面電車の停留所。

ここからは歩きでなく路面電車に乗り、コメルシオ広場に戻り、そこからブラジル領事館へ。

四時二十五分に入っている。ビザの捺されたパスポートを受け取る。これで明日、航空券を入手できる。

五分後、同領事館を出て、トーマス・クック社のトラベラーズ・チェック（T／C）を両替する為にその会社の支店へ行く。領事館から歩いて十分、町の中心部にそのオフィスはある。米ドルからこの国の通貨、エスクードスを入手する。五分後、そこを出て宿へと戻って行く。途中にあったスーパーマーケットで、夕食用の食料を買い込んで、五時五十分、帰宿する。


翌日、午後四時近くまで時間がある。今日は午後三時五十分発のパリ行きの夜行列車に乗る。小さな手提げバッグ（一つでこの旅行に出ている）を持って、午前十時、宿を出る。この宿は居心地がいい。朝食付きで百五十エスクードス（約千百円）という料金も、こちらには有難い。

鉄道駅、サンタ・アポロニアに十時三十五分に入り、小さなバッグを「一時預け」に預けて、カメラのみを持って、十一時に動き出す。同十分発の市バスに乗り込み、ロシオ広場で十分後、下車する。そこからはいつものように歩いて動く。

今日もトーマス・クック社へ行き、T／Cからこの国の通貨を得る。ブラジルへの航空代金をまかなえるだけの額を両替する。十五分後（十一時四十分）にそのオフィスを出る。

そして十分後、バリグ航空の事務所に入り、予約していた航空券を入手する。これでこの町での大きな目的は終了する。

零時十五分、そこを出ると、再び町中を彷徨する。もうどこも特別見る処もない。

エドアルド7世公園に入り、二十分程居て、次にマルケス・デ・ポンバル広場を経て、ロシオ広場に行く。その広場近くにあるスタンド・カフェで昼食を摂る。菓子パン二つと飲み物はビールを。

次にコメルシオ広場へ行き、土産物屋を見て歩く。やっとそんな余裕が出て来たのだ。まだ買いはしないで、見ているだけだ。四日後に再びこの町に戻って来た時に、買うかも知れないモノを探す為に。暢びり歩いて、各店を見てゆく。

二時五十五分、サンタ・アポロニア駅に戻って来る。そして荷物を預けた処から取り出して、フランス、パリ行きの列車を待つ。また今夜から三夜、車中泊が始まる。何も問題ない。

三時五十分、定刻にパリ行きの列車はリスボンを発った。

再びヨセフの家へ

スペインを通って、フランスとの国境駅、Hendaye には翌午前十時二十分に着く。ここはフランス領で、フランス時刻にする。一時間進めて、十一時二十分である。同駅をフランス時刻昼零時三十分に発つ。西ヨーロッパの国境間では、ほとんど煩わしいことはない。

終着駅のパリ・Austerlitz《オステルリッツ》駅にはその日の夜七時三十分に着いた。ここからはメトロ（地下鉄）でEst駅に行く。次のスイス、バーゼル行きの列車がそこから出るからだ。

メトロに乗れば十五分程でその駅へ移動できる。

そして、同日夜十一時十分発の列車でパリを離れた。

バーゼルには翌朝の六時三十三分に着く。スイス時刻は、一時間戻した五時三十三分だ。

ここからルツェルンへ向かう。その列車は六時五十六分発。一時間以上ある。駅構内の待合室で過ごす。どこへも行く処はない。

列車は定刻にバーゼル駅を発った。そしてルツェルンにはやはり定刻の八時十五分に着いた。

ここからはローカル列車になる。十時二十分まで時間があるので、少し駅周辺を歩く。以前も歩いているので問題ない。

駅前のロイス川を、今回も、木製でおしゃれなカペル橋を渡って越え、左側に並ぶ露店・商店街を見て回る。何も買うことはないが。

九時五十分、駅に戻って来る。十時二十分発のローカル列車に乗る為に。そしてその時刻にローカル列車は発車する。

ヨセフの家のある、Sursee《スージー》駅には三十分後に着く。そして十一時発のＰＴＴバスに乗って、「Triengen」で下車する。以前来た時の記憶は残っている。

バス停から歩いて十分程、十一時二十分には彼の家に着く。彼は以前と同じように歓迎してくれる。今日の夜の列車でこの村を離れるのだが。

五時間程を共に過ごす。そして、午後六時五十分、ヨセフに別れを告げ、来た道を戻って行く。ＰＴＴバスに七時五分に乗り、スージー駅に同二十分に着き、同三十九分発のバーゼル行きの列車に乗り込む。列車は時刻表通りに動いている。日本と同じだ。

バーゼルには八時五十九分に着き、そこでパリ行きの列車に乗り換える。

同夜の十一時五十分、バーゼルを発つ。夜行だが、ユーレイルパスなので問題ない。暖かい車室で眠って行ける。

再びポルトガルへ。そして南米へ

翌朝七時二十六分（フランス時刻は八時二十六分）、パリ・Est駅に着く。

ここからまたスペインへ向かう列車の出る、オステルリッツ駅に行く。やはり地下鉄で、そこへと向かう。時間を無駄なく使い、八時五十分には同駅に着いている。そして十分後の九時ちょうどにスペイン方面（Irun《イルン》経由）行きの列車はパリを発った。順調である。

国境のイルン駅には午後四時二十分に、やはり定刻に着いている。ここで一時間程の待ち時間がある。パスポート・チェックがあるが、面倒なことはない。

五時五十分（定刻は同四十分）、イルン駅を離れた。今夜はこの列車中泊である。

スペイン内を通過して、ポルトガル、リスボンのサンタ・アポロニア駅には翌朝十一時三十分（ポルトガル時刻十時三十分、定刻は九時三十分）に着いた。

いよいよ、この町でヨーロッパから離れる。うまく進めるか分からないけれど、いつも通り動いて行く以外ない。今の私に特別失うものは何もないのだから、自由でいい。

十時五十分、同駅を市バスで離れ、十分後、ロシオ広場で下車する。そこからは数日前に泊まっていた安宿（ペンサオ「Sevilha」）へ向かう。

十一時十五分にはそこに入っている。いい具合に部屋はあり、泊まれる。今日一泊して、明日の夜遅くの便でこの町を発つ。それまでの時間をいつも通り、適当に過ごしてゆく。

昼零時三十分、安宿を出て、近くの安食堂で昼食を摂る。

午後一時にそこを出て、歩いて十五分後、日本大使館に入る。家からの手紙を受け取る。ヨーロッパでは最後の手紙の回収である。

五分後、同大使館を出て、安宿に戻る。受け取った手紙に対する返事を書いて、三時過ぎにそれを出しに中央郵便局へ行く。家以外にも二カ所に（ヨセフ氏にも）、絵葉書を書いて出す。明日この国を離れると記して。

郵便局からの帰途、スーパーマーケットに入って夕食用の食料を購入して、四時半には帰宿する。そしてもう、外出はしない。

翌日、四月十八日、火曜日。

今日の夜中、正確には日付の変わった零時四十分に、このリスボンを発つ。それまでの時間を送る。

安宿を午前十時五十分にチェックアウトする。すぐにロシオ駅に行き、小さなバッグを「一時預け」に預け、十一時五分には自由の身になって動き出す。

五分後、昨日も訪れた中央郵便局へ行き、友人四名への絵葉書を出す。それから日本大使館と同じビルに入る、「ブラジル銀行」へ行き、少しブラジル通貨の対ドルレートを訊いておく。

同銀行を出ると、もう特別な予定はない。飛行機の飛ぶ時刻《よる》まで、適当に時間を潰す。

宿近くの安食堂で昼食を摂り、その後、リベルダーデ大通りにあるベンチに坐って、一時間程をボーッと過ごす。

次にコメルシオ広場近くにある、セルフサービスの食堂に入って、コーヒーを飲んで、やはり一時間程を過ごす。

次に、Tejo《テージョ》川を行き交う船の船着場辺へ行き、それ等船を眺め、その後はただほっつき歩く。

再びリベルダーデ大通りに戻り、そこのベンチに坐って、五時十分までボーッとしている。

そして、ロシオ駅に戻り、荷物を取り、近くのバス停から四十五番の市バスに乗って、バスの終点まで行き（一時間程かかっている）、そこでバスを乗り換えて、空港には七時五分に着いた。

あとは搭乗手続きの始まるのを待つだけである。ヨーロッパが終わろうとしている。

第二部

南米、中米編

南米

ブラジル

レシフェ

ポルトガル、リスボンからは七時間二十分のフライトだった。ブラジル、Recife《レシフェ》には翌朝八時に着陸した（時差があり、ブラジル時刻は四時間戻した、午前四時）。機内はそれ程混んではいなかったが、かといってガラガラというのでもなかった。七～八割方の座席は埋まっていた。リスボンを定刻の午前零時四十分に離陸すると、安定飛行に入るとすぐに、食事が供された。夜中だが、ブラジル時刻に合わせて、遅い夕食ということだろうか。

こちらは四時間程前に夕食を摂っていたので、あまり空腹ではなかったが。まして身体のリズムは真夜中の一時過ぎだから、胃はもう眠る時刻なのだ。もしそうでなければその食事は間違いなく美味しかっただろうけれど。

スチュワーデスもスチュワードも忙しく通路を行き来していた。なぜなのかは、そのあとすぐに分かったのだが……。その食事が済むと、すぐに機内の灯りが消されたことから、なるべくスムーズに食事提供を終わらせようとしていたのだった。確かにポルトガル時刻では当然のことだったが。私の隣席には誰も居らず、これまでの列車泊のように脚を伸ばし、身を横たえて眠ることができた。そしてすぐに眠りに落ちた。

このバリグ航空はブラジルのナショナル・フラッグだ。そして遠く東京へも乗り入れている。この便に乗り込む一人のスチュワーデスは東洋人であり、その血脈には日本人がいるように思われた。ただ彼女はポルトガル語と英語しか話さなかった。食事を運んで来た時も、また飲み物を持って来た時にも、日本語は聞けなかった（私が「日本人」には思えなかったのかも知れないが）。

スチュワードは白人で、彼はこちらを「日本人」と見てとり、「ごばん」と言い、また私が、食事を下げに来た時に、彼に軽く頭を下げて、

「ごちそうさま」

と言うと、

「どう致しまして」

と、教科書通りの日本語を返した。ヨーロッパに居る時には感じなかった思いが、胸の内をめぐり始めた。日本人の血を持っているであろう人が、日本語を話さないということを目の当たりにして。

しかしここ南米では、それが少しも奇異ではないのだ。私は目を閉じながら、これまでと違う旅行が確かに始まっていることを知った。

レシフェの町はまだ暗かった。時刻は早朝四時十分。ただその空気は生暖かく、北半球のヨーロッパとは全く違う地に来たことを膚《はだ》で知らされた。

機内に居た三分の一の乗客がここで降りた（この町は経由地で、ここから南へ向けてさらに飛んで行く）。

私はゆっくりと最後尾から人に付いてタラップを降り、税関建物に入って行く。

お国柄か、それともそう感じるのは私達日本人だけなのか、何しろ捗《はかど》らない。それ程多くの降機客ではないのに。

私がやっとすべての手続きを終えて自由の身となれたのは、降機してから一時間近く経っていた。外はすでに充分に明るくなっていた。

空港内のベンチに腰を降ろして、両替のできるのを待つ。正規の銀行はここにはない。当初私はこちらの問いに対する相手の返答が理解できなかった。彼等はただ、

「もう少し待て」

と言うだけだったから。こちらは現地通貨を持たない限り、身動きがとれない。米ドルの現金ならば、そのスタンド・カフェで両替できると言うが、しかし私には現金《それ》がなかった。

六時過ぎ、空港内の土産物屋の主人に呼ばれ、彼の店に入って行く。

彼は簡単に計算し、その額相当のブラジル貨をこちらに与えた。この国は東欧諸国同様に米

ドルを手に入れることは難しいようだ。いや、旅行者がドルから現地通貨に換えるレートよりも、甚だしい率で現地人はドルを入手するらしい。故にその店の主人は後《のち》にも、私に対して何かと好意を示し、もっとドルを換えるようにと（T／Cであっても）、それとなく言ってきた。

「銀行での両替率は私が換えてあげるより、ずっと低いよ」

と言って。

空港の建物前に出る。そこには路上で多くの子ども達が、何がしかのモノを売っている。

八時にそこにあるバス停留所に駐まる、町中心に行くという市バスに乗り込む。

人々は半袖、ビーチサンダル、明らかに夏の装いだ。こちらはセーター、その上にダッフルコートを着ていて（リスボンではそれでちょうど良かった）、完全に浮いた人間だった。

汗が額ににじむのは、暑さばかりのせいではなかった。八時半にバスは空港を発った。

乗客の乗り降りが繰り返され、終着地のDantas Barreto《ダンタス・バレト》通りには、三十分後の九時ちょうどに着いた。

下車すると、空港で貰った地図を頼りにツーリスト・オフィスを探す。

道に立つ警官に訊き、指差された方向へと歩いて行く。幸運にもそれは意外に近くにあった。

しかしそこに居た老いた紳士と中年の女性は、ポルトガル語しか話せず、こちらの思いはうまく伝わらない。

それでも何とか、ホテルの紹介を得ることはできたが、他のこちらの知りたいと思っていたことは、何一つ得ることはできなかった。

ただオフィスには幾人もの人たちが出入りしていて、そのうちに英語を話す者が現れて、その人にこちらが尋ねたいことを伝えることができた。

その男の人はとても親切で、一つ一つの質問に答えてくれた。

それでやっと得心ができ、ホテルへと、そのホテルの「近くの銀行まで行く」という別の男の人に連《つ》いて、オフィスを離れることができた。

言葉は上手《うま》くは通じなかったが、そこに居た中年の女の人がとても明るく、親切に気を遣ってくれたことに感謝せずにはいられなかった。もしかしたら、外国人が、いや東洋種の旅行者が、そのオフィスを訪れたのは、彼女がそこに来てから、初めての出来事だったのかも知れない。

レシフェ ↓ サルバドル

ツーリスト・オフィスで会った男も、またブラジル銀行の中年の男も、「Salvador《サルバドル》は綺麗な町だ」と言っていた。

その「サルバドル」。

旅行者のこちらには滅多なことは言えない。ただ確かに、レシフェより近代的で美しい。町自体も大きく、町、いや市というに相応しい。

だが日本人のこちらには、やはり同じブラジルだ、と思わせるものがある。強烈にある。それは人間だ。ガイドブックにもある通り、あらゆる人種の坩堝《るつぼ》である。ここではどんなカップルがいてもおかしくない。白人も黒人も黄色も混血も。

黒人が椅子に坐り、白人がその靴を磨く光景も、この町では決して異様ではない。

若い白人が怠惰に道に横たわり、それを見もせずに通り過ぎる黒人、褐色肌の紳士達。

私は道で行き違う人々に、時として驚くことがある。それは正《まさ》しく、〝私と同じ顔〟だったからだ。その色があと少し違っていたら、日本語で声を掛けてしまっていたかも知れない。

レシフェからサルバドルまで、バスで丸一日の移動。度々それは停車し、休憩した。

レシフェを夜六時三十分に発ち、翌日の昼過ぎまで、二人の運転手が交代で走らせていた。

そして何という町か分からぬが、昼食の為の三十分程の休憩時に、彼等は新しい二人に代わった。始発地からの二人はそこで降りた。

その後は新しい二人が、やはり交代しながら車を走らせた。

道は舗装と地肌道が交互に続き、非舗装道では、揺れが激しかった。

私は長い休憩（二十分以上）の時のみ下車し、コーヒーやパンを飲食し、空腹をしのいだ。車内でどうやら唯一の異邦人であるこちらは、その度に好奇の目にさらされた。しかしその目は全く攻撃的なものではなく、少しも苦痛ではなかった。このことは以前訪れた北アフリカの国々のアラブ人とは大きく違うことだった。

途中の村々の停車場でコーヒーを飲むことがあったが、相手はその代金を受け取らぬこともあったり、またサトウキビを簡易な手動の機械で絞る男から、そのジュースをサービスされることもあった。そんな人々の素朴さを知りながらの移動だった。

午後四時過ぎ、バスはカーブする度にシャフト辺りから異常音を発した。

同三十分、バスは定期ルートを外れ、そこにある別のバス会社の車庫へと入れられた。

そこで私たち乗客はすべて降ろされ、その異常箇所の修理が始められた。私たちはただ道端の木切れの上に坐ったり、またバス会社の建物の壁に寄り掛かりながら、いつ修繕されるのかも知れぬ時を送った。

二人の運転手も車掌も、別にこのことに対して気にしている風はない。これはお国柄なのだろう。またそんな風に（乗合バスが途中でエンコするなんて、と）思っているのも、日本人のこちらだけなのかも知れない。

お客の中には近くの民家を、民《そ》家の窓から、テレビを覗いている者も居る。客達はこんな事態を、仕方のないことは、仕方がないと諦めているようだった。

日も暮れ始めた五時三十分、やっとバスは修理を終えて、車庫から出て来た。ちょうど一時間待たされたことになる。

私たち乗客は再びそれぞれの席に着く。何もなかったように、バスは走り出した。ただやはりその運転は、そこでの遅れを取り戻すかのように、先を急ぐというものになっていた。

いくつもの車を追い抜いて行く。

五時十五分が、サルバドル着の予定時刻だった。

少し走ると、片側二車線の本格的な道路となり、走路灯の明かりも増え、いよいよ目的地が近づいたことを知った。

六時三十分、もうすでに真っ暗のバスターミナルに到着する。こちらは最後に車から降り、インフォメーション目指して歩き出した。

サルバドルには、二泊した。そして四月二十三日、午後二時に大型バスでこの町を離れた。

若者との出会い

その男の人に何のためらいもなく、声を掛けたのはなぜだろうか。その人が若かったからか、それとも前の席で熱心に本を読む姿に、どことなく違ったモノを感じたからか。

「いくらですか?」

私は、英語で訊いた。

「五クルゼイロス（約七十五円）です」

と、彼は答えた。サルバドルからRio de Janeiro《リオ・デ・ジャネイロ》までのバスの車中。いつものように、いくつもの村や町に停車していく。ただ、ここでの停車は運転手の私的な理由のようだ。

子ども達が近寄って来て、各窓ガラスを、背伸びして叩いた。こちらも彼等が手に持つ、その小さ目のバナナが珍しく、それに少し空腹でもあったので、買ってもいいかな、と。

「一房で五クルゼイロス？」

私は窓下にいる子に、訊き返す。

「英語は上手く話せません」

その売り子に返事されたので、私は今度は動作で尋ねた。

「そうです。全部で五です」

売り子との会話を彼は引き取って、こちらと同じような動作をしてから、その額を指で示した。

一房に十五～六本はあるだろうか。彼は売り手の子どもにその紙幣を渡した。

バスはそれから一分もしないうちに発車した。こちらはポケットをさぐった。だが、硬貨で一クルゼイロ程しかなかった。

私は彼に、「少し分けて下さい」と頼む。彼は、

「勿論」

と、房全部をこちらに差し出した。こちらは二本を貰い、その代金分の硬貨を手渡した。

彼は、

「要らない」

と拒否したが、私は当然のこととして、受け取ってもらった。それが彼、Joao《ジョー》さんとの出会いだった。

それ以後、バスがサルバドルを出て、二十時間程が経っていた。

それ以後、バスが停車し、休憩する度に、彼はこちらを待っていてくれて、トイレへと、また飲食へと誘い、導いてくれた。彼は英語は話せないと言っていたが、私とて同じようなものだった。

リオに夜に着くこのバス、こちらは初めての地、故に少々不安だった。果たして暗闇同然の中、その町中を間違えることなく歩いて行けるかどうか。

だが、その町に着くまでの間に、そのジョーさんの好意から、この夜、一夜を彼のアパートで過ごせることになっていた。私はとても安堵した。

午後八時十分、サルバドルを出て約三十時間後、バスは終点のリオの長距離バスターミナルに着いた。

私にはやはり、ターミナルの向こうはただ夜の闇が広がるばかりのようで、何も確認することはできなかった。

私はジョーさんのあとを歩き、タクシー乗り場から、それに乗って、同五十分そこを離れた。

車が多く往き交うが、こちらにはどこがどこだか分からない。しかしジョーさんが居るので安心して乗っている。

二十五分後、彼のアパートの近くで止まり、下車すると、彼に付いてそこへと行く。

リオでの日々

リオも、レシフェやサルバドル同様、暑い。眠るのに、掛け布団は必要なく、ただ一枚のタオルがあれば良かった。

翌朝、ホテルを探すつもりでいた。それで朝食後に、

「荷物を一時ここに置かせて下さい」

と頼むと、彼は、

「なぜホテルに泊まるのか。この町にいる間ここに居て、いいですよ」

と。私は迷う。こういうことが果たして二人にとって、良いことなのかどうか。

しかし私は一方で、彼のその生活にも興味があった。どのような毎日を送っているのかと。

Copacabana《コパカバーナ》にある彼のこのアパートは、四階建てで、部屋は日本式に言えば、十畳程の広さだ。バス・トイレ付きで、平均的な中級のアパートらしい。

良く分からないが、彼は学生だと言うし、働いているとも言う。たぶんその両方なのだろう。勤労学生ということだ。

結局私は、彼のそこに厄介になることを決める。

この日私は、ジョーさんと共に市バスに乗って、昨日着いた長距離バスターミナルへ行き、四日後の São Paulo《サンパウロ》行きの切符を買った。これでいくらかスッキリする。先の予定が明確になったからだ。

もうこちらの予定はない。ジョーさんの動きに合わせてゆく。一旦、アパートに戻ると、近くのコパカバーナ海岸へと歩いて行く。

十五分も歩くとそこに着く。午後三時少し過ぎから四十分程。どこまでも蒼い空、そして海。私たちは白い砂の上で寝そべっていた。

四時過ぎにアパートに戻ると、夕食を摂る。ジョーさんは料理が上手だ。私も手伝えることは手伝い、共にそれを作ってゆく。

午後五時、再びコパカバーナ海岸へ行く。そして、その海岸に六時まで居て、海岸沿いに、先方にある Ipanema《イパネマ》 海岸へと行く。ジョーさんが私にそれらの海岸を見せてくれているのだ。その海岸へは四十分程歩いている。そして、七時に、コパカバーナ方向へ戻るバスに、バス停から乗り込む。再び歩くのにはちょっと遠い。

バスなら十五分で、アパート近くのバス停に着く。

七時二十五分、アパートに入って、実質、リオでの一日目を終える。

翌日（四月二十六日）も、ジョーさんの案内で動いて行く。十時十五分、アパートを出る。

ジョーさんの用件で郵便局、銀行に寄ったあと、コパカバーナ通りのバス停から市バスに乗り、観光地、「Pão de Açucar《ポン・ジ・アスカル》」へ向かうロープウェー近くで下車する。十一時十分になっている。そこからロープウェー駅に行き、それに乗り込み、中間駅（Urca《ウルカ》の丘）で乗り換え、十五分程待って、次の頂上行きのそれに乗って、そこには同五十分に着く。

海抜三九六mという頂上からの見物を楽しみ、小一時間居て、来たルートを戻って行く。

そして麓に下りてからは市バスに乗って、コパカバーナ通りで下車して、その通りにある食堂に入り、昼食を摂ったあと、アパートへと戻った。

しかし、ほんの五分程で再び動き出す。次は「Corcovado《コルコバード》の丘」へ行く。この町のシンボルでもある、巨大なキリスト像の建つそこである。

その山への交通手段は、その麓で待つ、乗り合いタクシーである。バス停で降りると、それらのタクシーが沢山待っていて、すぐに乗り込むことができる。タクシーなら二十分で、その丘に運ばれる。

ここでもその像（高さ三十m、広げた両手の幅は二十八m）を見、そしてそこから（海抜七〇九m）の眺望を楽しむ。ジョーさんと一緒なので、何の不安もない。

頂上からはやはり乗り合いタクシーで麓に戻り、市バスで旧市街《セントロ》へと戻って来る。

カンポ・デ・サンターナ公園辺で下車し、バルガス大通り、リオ・ブランコ大通りを歩き、その近くのバス停からバスに乗ってアパート近くに戻って来る。ジョーさんのあとを付いて行けばいい。

アパートに着いたのは、夕食用の食料をスーパーマーケットで買い込んだあとなので、六時四十五分になっていた。このあと二人で夕食を作り、食してこの日を終えた。

翌日（四泊目）もジョーさんの案内で町中を動く。こちらの希望の処を回ってくれる。郵便局、両替店、公衆電話（東京銀行にかけたが、うまく通じなかった）。

そして、市バスに乗って、少し離れた処にある「キンタ・ダ・ボアビスタ公園」へ行き、その中にある国立博物館、マラカナン・サッカー場を見ている。

彼はこちらのそれらの要望に少しも嫌な顔を見せなかった。逆に優しい気遣いを見せてくれていた。時々、彼は言った。

「ゴメンナサイ。英語を上手く話せなくて」

「とんでもない。私がポルトガル語を話せなくて。それに英語だって満足には話せない」

その晩、私たちは安食堂で別れの宴をもった。ビールを二本と、それぞれの好みの牛肉料理。

この時、このままこの町に金が続く限り滞在していたいと思った。だが、それはできないことだった。こちらは当然、先へ進んで行かなければならない。

彼に感謝し、久しぶりに酩酊して、最後のこの町での夜を過ごしていた。

リオを発つ

バスの終点、それはこちらが考えていたような場所ではなかった。レシフェともサルバドルともリオとも、サンパウロとも違っていた。バス二台が入れば、もう他の車が駐められる空間は無いというものだった。
Foz do Iguaçu《フォス・ド・イグアス》駅である。乗って来たバス会社（PIUMA）の車庫である。

翌、四月二十八日（金）。リオを発つ日。

ジョーさんのアパートを朝九時十分に出、同二十五分、バス停から一七一番の市バスに乗り、旧市街にある鉄道駅に十時二十分に着く。ジョーさんはここまで見送りに来てくれた。大きな感謝をする。彼は何も求めることはなく、無償の好意を示してくれた。感謝以外にない。

こちらは「一時預け」に荷物を預けたあと、市バス一二七番で、町中心部へと出て行く。バルガス大通りとリオ・ブランコ大通りの交差点で下車し、東京銀行を探し、そこに行き、両替のことを訊く。訊くだけで両替はしない。

次にアルゼンチン航空へ行き、航空便のスケジュールと、その運賃を確認する。アルゼンチンから、飛んでチリへ出るか迷っていたが、陸路でそちらへ抜けることを決める。

そのオフィスを出ると、もうやることはない。今夜発つ、サンパウロ行きのバス時刻までは。

町中を適当に歩き回る。ジョーさんの居ない一人歩きは初めてだ。しかしいつものように、適当に地図を片手に歩いて行く。

マウア広場近くにある安食堂で昼食を摂っている。そしてその広場で四時まで時間を潰し、バルガス大通りに戻り、さらにその周辺で五時半まで過ごしている。

そこから市バスに乗り、鉄道駅に五時四十分に戻って来る。預けた荷物を取り出す。同駅から少し離れた処にある長距離バスターミナルへと動く。そしてそこからサンパウロ行きのバスは、六時二十六分に、リオの町を離れた。


翌、夜中一時に終着地、サンパウロに着いた。下車する。夜中なのでバスターミナルから離れずに明るくなるまで、そこのベンチに坐っている。

七時二十分、動き出す。本当ならこの町に一泊でも二泊でもするべきなのだが、午後のバスで「イグアスの滝」へと行くことにする。そこからアルゼンチンに入るつもりでいる。

日本人街があり、日本人のような人の多い町には、長く居ない方がいいという気があったのかも知れない。

バスターミナルを出ると、しかし自然、「日本人街」へと足は向いてしまう。ペドロレサ広場、セー広場、メトロポリターナ・カテドラル――この教会内に八時二十分から十時三十分近くまでの二時間余を過ごす。ミサが行なわれていた――、そして、そこからすぐ近くにある

「日本人街」に入る。

宿も食堂も日本人相手のものがある。可能なら利用すべきなのだろうが。

四十分程居て――その雰囲気に触れて――、その地区を離れる。

安食堂で昼食を摂ったあと、彷徨しながら夜中に着いたバスターミナルに戻って来る（二時）。

定刻より十五分遅れの午後三時十五分、「フォス・ド・イグアス」行きの、PIUMA社の大型バスはサンパウロを発った。二百五十八クルゼイロス（約三千八百七十円）である。

そして同バスは翌朝十一時十分に、予定より一時間四十分遅れて、終点の「イグアスの滝」への観光拠点町、フォス・ド・イグアス駅に着いた。


下車すると、レシフェの時と同様、暫く車庫《そこ》から動くことはできない。

ここは一応、町中である。歩いてその滝まで行き着けるとは思われない。町行く人々は当然、風体の違うこちらを注視していた。

誰かに訊かなければならない。バス会社の切符売場の窓口は四つ五つある。

その近くに、「一時預かり」の看板と共に、インフォメーションと書かれた文字を見つけた。その内側スペースには、いくつものバッグが並べられている、その窓口へ行く。

そこに居る人に話し掛ける。だが、英語は通じない。中年のおばさんと、その子供であろう十歳位の少年が相手だった。

滝の絵を描いてみる。彼等はやっと理解した。

「カタラタス」

おばさんも少年も言った。今度はこちらが理解できない。

「ブス・カタラタス（Bus Cataratas）」

二人は紙にその文字を書き、そしてこちらに通じないながらも、一所懸命に説明してくれた。

バスはどこから出るのか、こちらには分からない。そんな簡単なことさえ理解し合うのに、再び時間がかかった。

サンパウロからのバスが止まった場所のちょうど反対側に、やはりバス停留所があった。少年は私をそこに案内した。

バスは二台停まっていた。しかし、「Aeroporto（空港）」と「Porto Meira《ポルト・メイラ》」と書かれていた。こちらが探している、「カタラタス」という字は見当たらない。

少年はそこに居るバスの運転手に訊いてくれた。すると少年はこちらの腕を取り、時計をさし、

「あと十五分したら来る」

と言った。私はその少年の優しさを知った。彼はそう言うと、彼の母親の居る方に戻って行った。その後ろ姿に、「Obrigado《オブリガード》（ありがとう）」と声を掛けた。

私はその建物内にある、スタンド・カフェでミルクコーヒーを飲み、その時を待った。

イグアスの滝、そして国境を越える

「CATARATAS《カタラタス》」、と書かれたバスは来た。止まると、私は早速乗り込む。いつものように後方扉から乗り、料金を支払うと、回転機を押して前方の席に腰を降ろした。

発車を待っている。フロントガラス越しに少年の姿が見える。どうやらこちらが確かにこのバスに乗り込んでいるか、見に来たらしい。

私は彼を見つめる。彼はこちらを見つけると、笑顔で軽く頷いた。私は手を上げ、

「大丈夫、乗っているよ」

と合図した。その少年の親切にこちらから応えることは、その合図以外、他には何もなかった。人としての親切を、こんなに自然に感じたことはなかった。

そんなやわらかな気分になっていたのだが……。

昼零時十五分、バスは走り出すと、スピードを上げた。それは町内バスというのに……、それに相応しくない程のスピードを出して走り出した。なぜかは、理解不能だった。

バス停留所で、乗車客を見つけると急ブレーキをかけて止まる。見通しも良く――何しろ家並みなどほとんどないのだから――、遠くからその客達を見つけることができても、停留所間近で、ブレーキを踏むのだった。気分はすっかり良くなくなってしまったが、仕方ない。

途中空港に寄り、それから国立公園入口のゲートでも停車した。こちらにはなぜそこで止ま

ブラジル側から見た、水量の乏しい「イグアスの滝」

ったのかは分からない。

運転手は降りると、そこに居る制服の男と話し出す。すると別の制服の男が来て、バスに乗り込み、乗客に向かって何事かを言った。観光客らしい人々は降りて行く。

私も降り、それらの人々と同様、ゲートのレジへ。そこで「十クルゼイロス」を支払った。観光税なのかも知れない。いや、入園料なのかも……。それを終えると、再びバスは走り出す。木々の間を抜けて行く。

終点のそこには、三十五分後の同五十分に着く。

〝イグアスの滝〟

ブラジル、アルゼンチン、パラグアイの三つの国の境に位置する。

観光遊歩道を歩いただけなので——時期外れもあって——、その〝瀑布《ばくふ》〟と言われるような、滝の姿、を見ることはできなかった（水量は乏しかった）。それでも満足はできている。こちらには、義務的な目的地に来られたことの意味の方が強かったからだ。

「望瀑台」を離れると、いつものように降り出したスコールに濡れながら、独り、遊歩道を引き返した。

カタラタスを午後三時十分に町内バスで離れ、やはり三十五分後に、町中のバス会社（終点）に戻って来る。南米での一つの大きな見物箇所、「イグアスの滝」を終える。

「Buenos Aires《ブエノスアイレス》に行くバスは、ここからポルト・メイラに行き、そこで乗り換えるのです」

あの少年は教えてくれた。そのアルゼンチンに行くバスはどこから出るのか、と言う問いに対して、彼はバス会社の窓口に行き、そこに居る人に訊いてくれた。

少年の母親がやっている、「一時預け」から私がバッグを取り出すと、彼は再びこちらを案内して、「ポルト・メイラ」と書かれたバスを指差した。

別れ際、「一時預け」の料金の倍の紙幣を、今度は私が少年の手を取り、握らせた。このようなことは、私はしたことがなかったが、その少年にとっては、このことこそが、最も嬉しいことだったに違いない。たとえどんな高価な品物よりも……。

彼は拇指《おや》を上げた。こんなつまらない行為を、カタラタス行きのバスに乗り込み、そして少年がこちらを見に来てくれた時に考えたのだった。感謝の念は時として、金が最も相応しいこともあるのだ。

四時五分、バスはその発着場を離れた。

大型のバスがやっと擦れ違えるような、狭い道を徐行しながら行くと、右手に川が見えた。

そして、バラック小屋のような建物の処に来ると、そこが終点だった（四時三十分着）。

ポルト・メイラ。それは国境を流れる、イグアス川を越える小舟の発着所だった。

ブラジル側からアルゼンチン側へ、そしてまた、アルゼンチンからこちらへと、入国して来た人々で、狭い道は混雑していた。

崖沿いに築かれた通関の建物。

私は団体の老人達に挟まれながら、ブラジル出国のスタンプを捺されると、舟着場へ降りる小さなケーブルカーを待った。

しかしそれは任意の乗り物であって、歩いて下るのも可能と知り、私は階段を降りて行った。

舟着板《ばん》の上で、すぐそこに見えるアルゼンチン側の、やはり同じような舟着場を眺めていた。

定員三十名程の小舟に乗り込むと、人々はそれぞれ舟縁り側に設えられた席に、向かい合わせに坐った。

舟は転回し、アルゼンチンへと向かった。午後四時四十五分だった。

アルゼンチン

首都、ブエノスアイレスへ

約三分で、アルゼンチン側へと着いた。

人々の後ろに付いて、私は歩いて行く。こちら側にも崖に、簡単な階段が設えられており、そこを数メートル登ると、バスが停まっていた。しかし私には入国手続きが必要だった。

だが、入国者一人一人に対してチェックはしていない。たぶんそれはアルゼンチン人の団体客が、今戻って来たからなのかも知れない。彼等はただ単に身分証明書のようなものを示すと、バスの中へと消えて行った。

私は、と言えば、一度その崖を登りつめた処で、国境警備兵にパスポートの提示を求められただけで、そこを通されていた。つまり、パスポートには、入国のスタンプは捺されていない。

右手にやはりバラック小屋の建物があり、そこで入国手続きは行なわれた。スイス入国時の、バーゼル駅同様、こちらの名前は、彼等の持つ「ブラックリスト・ファイル」に照合された。

といっても勿論、こちらの名などそこに記されていないので、少しの質問を受けて入国手続きは終わった。

日暮れが近づいている。ここからどこへ行けばいいのか。

道端で銃を手にして立つ警備兵に、両替所を尋ね、彼が指差した方向へと、急坂を登って行った。

その途中からブラジル側を見渡すと、崖の中腹に道はあり、そしてバスが進まずに、連なっていた。数隻の小舟は休むことなく、両国間を往復していた。

この日は、両替所でアルゼンチン通貨を入手して、この町にあるホテルに泊まった。観光地ということもあって、こちらには少し高い、一泊＝五米ドル以上もした。

翌日。アルゼンチン側のイグアスから、首都、ブエノスアイレスまでの大型バスは、ずっと空《す》いていた。それはとても有難いことだった。私のような一人旅の者には。特に一夜を越える長距離を行く場合には。

なるべくならば隣は空席であって欲しい。これはバス旅行に於いての、最大の関心事だった。

バスは広人な大平原の中を走る。牛が至る処で放たれている。

ここでの運転手も、ブラジル側の彼等と大差ない。楽しみながら運転している。知り合いを見つければ、声を掛け、ラジオをつけては大声で笑い、何ものにも縛られていない。

乗客を安全に目的地まで運ぶ、という使命感などなく、乗客は彼等の生活に——その為の仕事に——付随する、ただの「荷」でしかない。それはこのバス会社、この国だけに限ったことではないが……。

ブエノスアイレス。

翌日の午後零時三十分にその終点、Once《オンス》・バス駅に着く。イグアスを発って、ほぼ二十四時間が経っていた。

一時、オンス・バス駅を出て、宿探しに動く。

そして一時間後の午後二時、やっとそのホテル「Cangallo」に部屋を取る。ただ安いというだけのホテル。水も満足に出ない。勿論、個室でもない。二人部屋で——但し、この時、同室者は居ない——、千五百ペソ＝約四百円。

何故、そんな処に二泊もできたのか。そこは「ホテル」というよりも、「アパート」、「ペンション」風の建物だった。一応、看板は「ホテル」となってはいるが。

数組の家族が、その内に寝起きしていた。どうしてこのような処に居られるのか、逆に私の方が不思議だった。だがその生活ぶりは、彼等にとって充分ではないにしろ、しかし苦痛なものでもないようだった。

トイレの水が出ないということは、毎日のことを考えると、どのように処理しているのだろうか。私はそんな要らぬことを心配しながら——私はそれを外の建物でしていた——、宿泊していた。

二日間、碁盤の目のような町中を、案内書を片手に、その「みどころ」を見て回った。七月九日大通りも五月大通りも、そしてこの町の「銀座通り」とも言える「フロリダ通り」も、私には印象に残るものではなかった。ただいつものように、青信号での横断に細心の注意をして渡っていただけのことだった。

ブエノスアイレスからメンドーサへ

五月四日、木曜日。次の目的地、Mendoza《メンドーサ》へ向かう。陸路チリ方面へと移動して行く。ホテルを午前十時五分チェックアウトし、歩いて二十五分、一昨日到着した、オンス・バス駅に入る。そこの「一時預け」にバッグを預けると、バスの発車時刻までの二時間程を過ごす。といっても、特別見るものも、行く処もない。ただ町中を歩くだけ。主にGallo通りとCangallo通りで時間を過ごしている。

零時四十五分、オンス・バス駅に戻り、トイレを借りたあと、バッグを取り出して、一時にそこを出る。

午後一時十分、バス会社、「TAC」に入る。昨日ここを訪れていて、そのバス便（午後一時三十分発）を確認している。

目的のメンドーサまで約十八時間、到着は明朝七時頃という。料金は一万四千七百ペソ（約三千七百八十円）である。

大型バスは定刻より二十分遅れの、一時五十分にそこを発った。

たぶん予定の場所での休憩を取りながら、進んで行く。そしてこの日は暮れてゆく。


メンドーサには翌朝六時三十八分に着いた。こちらは町が動き出すまで、そのバスが止まったターミナル内の待合室で過ごす。

八時十分、宿の情報をそこのバスオフィスに居た人に訊いて、ターミナルを出て行く。

いい具合に五分歩くと、そのホテル「Center《センター》」はあった。ここはブエノスアイレスと違って、シングルルームであり、室内にバスもトイレも付いていた。そして料金は三千五百ペソ（約九百二十円）と、マァ払える額だったのでここに決める。

小休止後の九時四十五分、動き出す。この町ではやることがある。それはこの町で少しお土産を買って、日本に小包で送るということ。ブラジルではそのようなものは目につかなかったが、この国では何かあるように思えて。

その前に先程着いたバスターミナルへ行き、次の国、チリへのバスを調べる。ここからはその国の首都、Santiago《サンチャゴ》への直行便があるという。

「Inter Chile」社というバス会社で、明朝十時発のそれを購入する。今日中に土産を買って郵送できると思っていたので。あるいは明朝のバス出発時刻までには。

ところが……。

San Martin《サン・マルティン》通りにある郵便局に十時三十五分に入り、その雰囲気を下見する。その後、サン・マルティン広場を通って、正午に一旦、宿に戻る。

午後一時、再び動き出す。町見物をしがてら、土産物を見て歩く。イタリア広場、独立記念広場にも行き、国立歴史博物館にも入っている。サン・マルティン通りの店屋で「ショルダーバッグ」を買い、別の店で小包用紙も購入する。

そして午前中に購入したバス切符の乗車日の変更をする。明日に発つことは無理かも知れず、その翌日の五月七日、日曜日にする。それは問題なくできた。

そして再びサン・マルティン通りを行き、生まれたばかりの姪用の「ケープ」二つと、「ティーカップセット」と「壁掛け」を求めた。

ホテルに戻ると、それらを小包にして、いつでも送れるようにした。

郵便局で ①

翌、土曜日。ホテルの人に訊くと、今日も郵便局は開いているというので——九時オープンというので——、九時十分にそこに入っている。

しかし小包を扱うのが、どの窓口なのか、分からない。それでとにかく開いていた窓口に行き、そこに居る男に問う。

しかしその返事は素っ気なかった。彼は早口で（勿論スペイン語だ）しゃべり立てた。どうやら今日は受け取らない、と言っているようだ。加えて、

「ここではない」

とも。しかし私には、正確なことは理解できない。というのも、ここはこの町の中央郵便局である。何故、小包は受け取れないのか。これまで訪れたどの国でも、そこがメインの郵便局であるならば、業務時間内であれば受け付けられていたからだ。

こちらは納得がゆかず、他の窓口の人の処へ行く。しかし反応は同じだった。そして、指差し、「向こうだ」と言う。つけ加えて、

「今日はダメだ。来週の月曜日だ」

相手はこちらがなかなか立ち去らないので、一人増え二人増え、そして三人になっていた。全員が、

「オイ・ノー・ルネス」

と繰り返す。こちらの側《そば》に一人の男が近づいて来て、

「英語を話すか？」

と尋ねた。彼は私と同じ程度の英語を話し、局員の言葉を通訳してくれた。

「今日はダメで、月曜日だ」

私が、「どうして」と訊くと、

「なぜでも土曜日の今日は受け付けてないんだ。月曜にならなければ……」

私はそれで引き下がらざるを得ない。小包を抱えてホテルに戻る。

こうなった以上、サンチャゴ行きのバス切符の日付を、また変更せざるを得ない。

ホテルを出ると、バスターミナルに行き、それ（五月八日、月曜日発に変更）をした。


翌日曜日。

郵便局待ちの代償として、初めて何もせぬ一日を過ごした。旅行に出て、これ程暢びりと、怠惰に送った日はなかった。身体の為には、これは良いことに違いなかった。

だがこちらの心は重かった。それは何かしら、すっきりしない、あれ程念を押していて確かめたにも拘わらず、なぜかその郵便局員達の言葉を、信用することができなかったからだ。

――今日の動きを簡単に記しておく。

ホテルを十時五十五分に出て、五分後バスターミナルに入り、絵葉書などを購入する。十一時二十分、ホテルに戻る。

午後一時、ホテルを出て、この町で一番の繁華通り、サン・マルティン通りを行くが、日曜ということでか、全く人影はなかった。

一時四十分、安食堂に入り、昼食を摂る。ビノ（ワイン）をコップ一杯。牛肉（二百五十グラム）、青菜付き。米粉入りスープ。餃子のようなもの。フルーツにパン。これだけ飲食して、七百七十ペソ、チップ三十で八百ペソ。日本円で約二百十円。安いと思う。

二時十五分、安食堂を出て、五分後ホテルに戻っている。そして今日は終わる。

郵便局で②

翌その月曜日。

言われた通りに、朝七時三十分ちょうどに郵便局へ行く。そしてその窓口に立つ。

間違いなく業務時間は、七時三十分から十二時三十分、と書かれている。

しかしそこには誰も居ない。ただ衝《つ》い立てを隔てた向こう側に、土曜日にこちらと対した局員が居るだけだった。

その局員を呼ぶ。だが彼は、こちらを視認しても、そっちのことは関係ない、という態度を示した。そして、眠っている動作をして見せた。つまり小包担当の局員は、まだ出勤して来ていないということだ。

そんな馬鹿な話があるか、と思う。とても日本人の常識では考えられないことだった。

私は、「早く起こせ！」と、強く言った。しかし彼はこちらの側を離れて行き、もう姿を見せることはなかった。

私は一昨日（土曜日）から待っているのだ。何としても今日こそは、その荷物を送らなければならない。送らなければ次の行動に移れないのだ。

私はその窓口のカウンターを叩いた。この成り行きを、局内を掃除している男たちが見つめていた。


十五分後の七時四十五分、やっとその係員らしき人物がゆっくりと歩いて来、こちらの前を通ってカウンター内へと入った。

私は時計を示し、

「遅いじゃないか」

と強く言う。その褐色の肌を持つ男は、それにすぐに反応して、怒りの態度を示した。別にこちらは、遅れたことを詫びてもらいたい訳ではなかった。ただその相手が、遅れることが当然であるかの如く、急ぐ風もなかったことに不満があったのだ——しかしこれはやはり日本人の感覚でしかないのだ。国が違うのだから、怒っても無意味なのだ……。

その男は、褐色の肌を赤らめて、

「オイ・ノー（今日はやらない）」

と言い、その案内板を指差し、

「これが読めないのか」

と言った。私にはそこに書かれているスペイン語を理解することはできなかった。

だが何故に、小包を受け付けないのか。それも何日間にもわたって。その疑問がある為に、
暫くそこを動くことができなかった。

その後に判明したことは、月・水・金曜日は、外国からこの国へ来た小包を渡すのみの日であって、火・木曜日のみが外国へのそれ(発送)を、受け付けるということだった。

しかしこの土曜日、同じ建物に居る郵便局員が、「月曜日だ」と言っていたのだ。それにも拘わらず、この有様だ。

私は一昨日に居た局員を見つけ、再び強く言った。口をついて出たのは当然、日本語だった。

局員はそれでも、こちらが怒っていることだけは分かったらしい。しかしこれもアルゼンチン流に、

『私の関知したことではない』

といった態度を示し、何も言わず、こちらを見もせずに、奥へと引っ込んだ。

あー、アルゼンチン人よ。

何故あなた達は相手の心に立つことができないのだ。そして己《おのれ》の言った言葉に責任を持たないのだ。さらには、少しのささやかな陳謝の言葉を言えないのか。

あー、白人達よ。あなた達はあなた達の慣習があるのだろう。そしてそれは、己に関係のな

いことは、どうでもいいことなのだろう。

あー、その遅れて来る役人よ。

そう、あなたは郵便局員ではないらしい。そう、私服の軍人、だったようだ。あなたは強い人なのだ。とても大きな権力を持っているのだろう。あなたに対しては、誰一人、逆らう人間は居ないのかも知れない。

たとえあなたが一時間遅れて来たとしても、地元民は大人しく、あなたの出勤を待っているに違いない。

たとえそうであっても、あなたはその時同様、悠然と局内に入って来ればいいのだ。あなたの内には詫びの念がある筈はないのだから。

それでもあなたはアルゼンチン国軍人様として、常に畏れられ、崇められ、奉られ、その上で、ただ胡坐をかいていればいいのだ。

私はあなたのその褐色が赭《しゃ》に変わった、その顔を忘れないだろう。それは軍人が、権力を持っている時の、象徴的な貌《かお》だったのだから。


サンチャゴのその窓口には、まだ十五〜十六歳位の女の子が坐っていた。

チリ

サンチャゴで小包を送る

メンドーサの郵便局を不満と共に、朝八時に、小包を抱えて出る。

ホテルに戻り、チリへの移動の為に動き出す。思い通りにならないことはよくある。そのことをいつまでも引きずっていても仕方ない。次の処でそれを、解決することにしなければならない。

結局、三泊してしまった「センター・ホテル」を九時十五分にチェックアウトし、五分後、バスターミナルに入る。そしてチリへの、その首都、サンチャゴへの大型バスを待つ。

「Inter Chile」社のバスは、二十分も待つとやって来て、そして定刻の午前十時に発車した。あとは進行に任せる以外ない。ほぼ満席の車中を、大人しく過ごしている。

三時間三十分後の午後一時三十分、アルゼンチン国境に着き、下車する。国境を越える者はイミグレーション（出入国管理事務所）へ行き、パスポート・チェックを受ける。私もそれをする。

多くの者がここを往来しているようで、大して煩わしいこともなく、十五分後にはすべての乗客（四十人程）のそれは終わる。アルゼンチン側を発つ。

十分後、チリ側の国境管理事務所前に着き、同じように入国審査を受ける。入国は出国と違って、税関審査もあって、少し時間を取られる。

しかし四十分後の二時三十五分には、そこを離れられる（この時は知らずにいたのだが、両国間には一時間の時差があり、チリ時刻は一時間戻した、一時三十五分だった）。

ここからも舗装された良い道を走る。途中止まることもほとんどなく、終点サンチャゴの同社車庫（バスターミナルにもなっているが）に、午後四時十分に着いた。

同社のオフィスに入り、そこに居る男に安宿のことを訊くと、一軒のペンションを教えてくれる。

そこは車庫から歩いて五分程の処にあった。四時四十分にはその宿——看板が出てないので、何という名なのか分からなかったが、通り名と番地番号から見つけた——に入り、そしてすぐに郵便局の場所を尋ね、一分後にはそこへと向かった。

南米の国はスペイン（ポルトガル）方式を択っているようで、午後五時を過ぎても、そこは業務していた。

そのことを知ると——夜七時までやっていると知り——、ペンションへと引き返す。歩いて十分程の距離だった。

午後六時ちょうどにその中央郵便局へと引き返し、そのまだ十五～十六歳位の女の子の坐る

窓口に行った。先程その子に、

「小包を送りたいが、可能か？」

と問い合わせ、

「大丈夫」

と言う返事を貰っていた。

こちらが持って来た小包《それ》を示すと、

「包みをほどいて」

私はためらうことなく、ほどきにかかった。もはやここで出す以外にはないのだ。この荷物を抱えての、これ以上の移動はできない。

紐をほどき、テープをはがした。それは二重、三重になっている。彼女はそれを見て、

「もういい」

と言い、

「特別のこと、内緒よ」

眼で合図をした。

あー、サンチャゴの可愛い局員よ。そう、彼女は正《まさ》しく郵便局員で、軍人である筈はなかった。ただ仕事に忠実であり、時として、人間的な人間性を持っている人なのだ。

彼女は小包の中身を尋ねた。私は真実を正確に伝える。それでいいことなのだ。ここ以後、

私《そ》の小包が途中でどんな経路（船便故に尚更に）を辿って、日本に到《つ》くのかは知らぬ——あるいは永遠に届かないとしても。

一般市民の出す郵便物なんて、軍人が関与すべきものではないのだ。

料金を支払うと、もう日暮れたサンチャゴの中心街を、安宿目指して歩いて行った。

サンチャゴ発、北へ移動

小包が送れたことに心底安堵して（すべてで四十分程の時間はかかっていたが）、ペンションへ。その途中にある安食堂へ入り、夕食をして、宿には七時三十分に戻っている。

この宿、一泊＝百二十ペソ（約四米ドル）で、日本円だと約千円もする。高過ぎると思うが、明日一日、この町を見物するつもりなので、連泊することにした。バスターミナル（北駅）に近いということ。それにここからなら、歩いて見物箇所も回れるという思いもあって……。

それで翌日。宿を朝八時四十五分に出ると、バスターミナルへ行き、明日向かう予定の、この国北方の町、Antofagasta《アントファガスタ》へのバス便を確認する。

午前十時発で、アントファガスタ着は翌朝の六時ということを知る。その予約をしてそこを出る。

その後は、町見物をする。「憲法広場」へ行き、「大聖堂」に入り、すぐそばにある中央郵便局へ再び入り、絵葉書を出す。

そしてそこから歩いて五分程の処にある「近代美術館」に入り、展示物を鑑賞し（三十五分程居る）、同館を出る。次に「森の公園」を散策する。そこから「サンタ・ルシアの丘」へ登って行く。

その丘周辺に小一時間居て、町中へ下り、Morande通りにある安食堂で、少し遅い昼食を摂る。

午後二時その食堂を出て、宿へと戻って行く。同二十分にはペンションに着いている。

四時三十分、再び見物兼散歩に出て行く。

五時、Agustinas通りにある、映画館「York」に入り、アメリカ映画を見る。こんなことは滅多にないことだが。余程、心が平穏《やすらか》だったのか……。六時四十五分、同館を出る。

夕食をBandera通りにある安食堂で摂り、七時四十分帰宿する。この町での予定をすべて終了する。あとは明朝、アントファガスタへのバスに乗り込めばいい。

アントファガスタの日本人

翌日予定通り、午前十時発の大型バスでサンチャゴを発ち、これもほぼ定刻通りの翌朝六時五分に、アントファガスタのバスターミナルに着いた。Seisso社の大型バスは二人の運転手によって、約二十時間の行程を無事終えていた。南米では珍しい定時運行をしていた。

初めての地、西も東も分からない。ただ、まだ早朝ということもあり、バスターミナル内でしばし時をやり過ごしている。

七時五十五分、そこを離れる。たぶん八時には町は動き出すと思われて。

まず、「ツーリスト・オフィス」へと向かう。バスターミナルに居た男に、その「オフィス」の場所を訊いている。

歩いて三十分程、Latorre通りにあるというそこに着くが、移転していて、そのオフィスはなかった。仕方なく、そこに明示されていた移転先へと動く。とにかくまずそこに行かなければならない。そこに行って町の地図があれば、入手しなければならない。

コロン広場を抜け、Bolivar通りとBalmaceda通り（海岸通り）との角に、移転した「ツーリスト・オフィス」はあった。八時五十五分には見つけられ、その内へと入っている。

そこに地図はあり、それを貰って、十分後、町中へと動き出す。

ここから鉄道かバスでボリビアへと向かうつもりだが、先程のツーリスト・オフィスの話だと、鉄道は週一便、それは昨日水曜日発だったということで、バスで行こうとしたが……。

それで十時過ぎに、先程サンチャゴから着いたバスターミナルに戻っている。

そして、ボリビア方向へのバスは午後五時三十分にあると知り、それまでの時間を町見物に当てる。

といっても動ける範囲は限られている。海岸通りやコロン広場周辺、あるいは小さな公園（名は分からない）に行く位だ。

そしてバスに乗る為に、四時十五分にターミナルに戻って来る。

ここで日本人の若者に声を掛けられる。ベンチに坐って三十分も経っていただろうか。

そしてその彼、イタロウさんと知り合ったことで、これから先のことが、予定外の方向へと流れて行った。丸一週間、次の列車の出る水曜日までこの町に居ることになる。バスでの移動をやめる。

イタロウさんはバイクで南米大陸を旅行しているとのこと。そしてこの町で、この地で生活する日本人に会ったことで――バイクの修理・調整で、その人と知り合ったとのこと――、彼は暫くここで過ごしていた。

私も特別急ぐ旅行でもないので、その誘い――「次の列車がある日まで滞在していたら」と――に従う。これが自然の成り行きだったからだ。

夜七時三十分、イタロウさんと一緒にタクシーに乗り、バスターミナルを離れる。町中にあるその日本人、エンドーさんの車修理工場まで行く。十分程で着いている。

エンドーさんは三十代後半に見えた。突然のこちらの訪問にも好意的に接してくれた。それで私も尚更、この町で少し休息してもいいかな、と思う。

その工場は今日は八時三十分に閉めた。そこからタクシーで彼の自宅のある丘の中腹へと行く。

二十五分程で、アントファガスタ町中を見下ろす、そこに着く。

そこでは夕食を御馳走になる。二時間程、イタロウさんと共に、エンドーさんの話を聞き、またイタロウさんと彼が話すのを聞いている。

十時五十分、そこを出て、近くのバス停まで歩き、十一時にやって来た市バスに乗って、町中、Prat通りに戻って来る。

そのバス停から歩いて十分程の処に、宿となるレジデンシャル「Paola」はあった。イタロウさんはここに泊まっている。こちらも受付に行って、シングルルームを取る（七十八ペソ＝約二・六〇米ドル）。

翌日から、特別なこともしない日々を送る。ただお昼頃にはイタロウさんと、エンドーさんの工場へ行き、昼食を共に摂ったり、こちらに予定のない時は、そのままずっとその工場で過ごしていた。

イタロウさんと、ほぼ一緒にいた。

ある一日（五月十三日、土曜日）の午後。イタロウさんの大型バイクの後部座席に乗せてもらって、アントファガスタから北へ約十六㎞離れた海辺の名所、「La Portada」へ行き、そこで二

チリ。アントファガスタ近くにある名所、
「La Portada」を望む海辺で、イタロウさん

時間程を過ごしていた。

またこの日、町に戻ってから町中にある、「日本庭園」にも彼に案内されていた。


アントファガスタには結局六泊した。

そして、次の水曜日（五月十七日）の朝六時四十五分発の列車で、ボリビアへと動く。


前日に、エンドーさんとイタロウさんに別れの、またお礼の挨拶をしている。

宿の「Paola」を午前六時五分に出て、歩いて鉄道駅には同二十分に着き、すでに停まっていた列車に乗り込む。

そして、同四十五分、定刻に列車は動き出した。

ボリビア

寒い列車行

『なぜ、俺はこんな馬鹿なことをしているのだろう』

脳裏をめぐるのは、暖かい布団にくるまって眠る自分の姿だ。

そうなんだ！　いくら仕事がうまくゆかなくても、またどのような心悩ます大きな出来事を抱えていようとも、その時は横になり、厚い布団の中で、暖かく眠ることができたのだ（眠りに入ることができれば……）。そして、知らぬ間に翌朝を迎えているのだ。

〝もう、こんな旅行はやめてしまいたい〟

それ程その寒さは身に徹《こた》えた。寒さと、横になれない不自由さ。身体は眠りを欲しているのに。加えて空腹感も強くあって、そんな弱音が衝《つ》いて出た。

この状態がこのまま数日続けば、間違いなく、死ぬと思った。

高度はどんどん上がってゆき、夜は闇の中に、さらに深くなっていった。

腕時計を何度も見た。まだ十一時、日も変わっていない。周りの現地人達は、それぞれその寒さに耐え得るだけのモノを身に着けていた。毛布を、彼等の民族衣装の上に、二枚も三枚もまとっていた。

週一便、チリ、アントファガスタ発、ボリビア、La Paz《ラパス》行き列車。

チリの国境駅、Ollague には八時十五分に着いた。そして暫く役人達が箱（車両）の中を行ったり来たりしている。

九時五分、同国境駅を列車は発ち、ボリビア側へと入って行く。

九時半、ボリビア側の国境駅に停まった。しかし私には何も見えない。夜の闇の中では、私の眼には何も見えなかった。駅舎らしきものさえ。ただチリ側の役人の往来が済んでから一時間程経って、パスポートを集めに来た役人を見て、ボリビア入国を知ったのだった。

一応、一等車の箱に乗っているが、日本や西欧の車両とは全く違う代物だ。ただ座席が進行方向に向かって設《しつら》えられているというだけのものだ。

木製の椅子に、旧式のクッションが所々破れている。周りの者はチリの途中駅、Calama《カラマ》から乗り込んだ、インディオの女たちだ。彼女等で満たされている。人間で「一杯」というより、彼女等が持ち込んだ荷物で、足の踏み場もないという有様だった。

彼女等は忙《せわ》しなく席を離れ、どこやらかに行き、数刻して戻って来ていた。

チリ出国の時以上に、ボリビアの役人達の荷物検査は厳しかった。幾人もの女たちの荷物は彼等によって、どこやらかに持ち去られた。ほとんどがワイン等のアルコール類だった。規則以上の量を、チリから持ち込んでいるのだった。

女たちはそれまで一所懸命、隠し場所を探していたようだが、いざ見つかると、案外素直に大人しく、役人達の仕事を見ていた——同国境（Frontera）駅発は、十時。

彼女等は何度もこの列車を利用し、同じような体験をしているのであろう。どれだけ、役人の目を誤魔化すかが、大きな関心事のようだった。彼女等はそのことに頭を使わし、こちらはしかし、ただ寒さに耐えているだけだった——頭が痛くなる程に寒かった。

夜中二時過ぎ、Uyuni《ウユニ》駅に着き、彼女等のほとんどは下車し、代わってまた別のインディオの女たちが乗り込んで来た。同様に沢山の荷物を抱えて。

列車の止まる度に、腕時計に目をやるが、まだ夜明けには間があった。脚の冷たさをいくらかでも忘れる為に、胡坐をかく。そしてはみ出した膝小僧を手で摩擦した。目を閉じ、

『もし一枚の毛布があれば、間違いなく眠れるのに』

と呟《つぶや》く。

勿論、寒さは厳しい。だが眠りの誘いも強かった。『一枚の毛布』で、寒さをどこかに追いやれる、寒さをどかして、眠りが勝ると思っていた。

しかしその毛布はどこにもなかった。

あー、もしこれが、この列車が故障し、この山中で一夜を過ごさねばならなくなったら、どうなっていただろうか……。

列車が止まる度にイライラし、そして夜明けの来ない、という錯覚をしていた。数時間後には間違いなく、日が昇るということも忘れて。

いや、そうは思っていた。しかしこの時の寒さが、とても耐え切れぬものであったが故に、夜明けまでの時間が永遠に続くように思われてしまっていたのだ。

六時半過ぎ、反対側のガラス窓が、薄っすらと明るくなっていくのが見えた。それを見て、生き永らえた、と。凍え死ななかった、と。だが、まだとても寒いことには違いなかった。

眠たい。眠れる時間はまだ続いていた。昨朝、アントファガスタから乗って（六時四十五分発）、数時間走った頃には強い日射しがこの箱の中に差し込んだのに、同じ時刻になっても、今朝は全くそれはなかった。アンデスの山々に遮られ、長く箱内を照らすということはなかった。

砂ぼこりの積もった、木製の日除けを上げた。あと二時間程の辛抱だった。午前十一時と聞いていたからだ。下車する駅の、Oruro《オルロ》到着は。

十時少し前、列車は湖の中を走った。これがウル・ウル湖なのか。定かなことは分からない。よくこのような中にレールを敷き、列車が走れるように造ったものだと感心した。そして、一方もし、このレールの乗る地盤が弛んだとしたら……、と想像すると、列車が湖中を走り抜けるまで、恐怖は去らなかった。

レールの端、僅かなその先は水面だった。

その中を十五分程走ると、オルロの町だった。私は朦朧とした頭で——ひどく寝不足だった

――、今日のこれからのことを考えていた。

Cochabamba《コチャバンバ》へ

十時二十分、オルロ駅に着き、下車し、駅舎を出ると、バス発着場を探した。ここでも西も東も分からぬのに変わりなく、路上で新聞を読む男に尋ねる。

すると、今出て来た駅舎を指差す。私は訝りながらも、再び駅へと歩いて行く。

鉄道バスとでも言うのであろうか、列車とは違う、だが同じレールの上を走る乗り物があった。

切符を購入すると、それがホームにやって来るのを待った。乗って来たラパス行きの列車は移動して、一つ向こう側のレールの停車位置に置かれていた。

少しすると、その「Ferro carrile《フェロ・カリーレ》」という乗り物はやって来た。二両編成で、前車が一等、後車が二等だった。どちらの車両もここまで乗って来たものとは違って、内装は西欧の列車と同じ程で、格段に快適なものだった。

たぶんこちらの体調が万全だったら、楽しいコチャバンバまでの乗り心地だったに違いない。

だが今は、とても眠りを欲し、瞳は自然と閉じていた。

十時五十分、オルロ駅を発った鉄道バスは、山峡《やまかい》を面白いように縫って走る。そのスケール

ボリビア。コチャバンバ駅のホームから駅舎方面を望む

は日本では見ることのできない程の大きさだった。

先住民《インディオ》達の生の生活風景がそこかしこに見られた。自然と共に生きる彼等。川で洗濯をし、馬・牛・山羊を飼い、川原端に坐る。私が睡魔から醒める度、窓から飛び込んで来た光景だった。

オルロを発って約五時間、午後三時五十分に、鉄道バスはコチャバンバ駅に到着した。

駅内にあるインフォメーションへ行き、宿泊施設のことを教えられると、野外市場＝Cancha《カンチャ》を横切って行く。驚く程、私の顔と同じような人々が多い。

二十分後、教えられた宿、「EL DORADO《エル・ドラド》」に着き、代金五十ペソ（約六百三十円）を支払い、部屋に入る。もう今日は特別なことはしない。ただ、中心地の、「九月十四日広場」にあるという「ツーリスト・オフィス」には行ってみる。

五時を回っているが、この辺の国々では朝が遅く、昼休みも長い分だけ、夕方は六時までやっているオフィスが多い。ここでもそうである。

五時二十分、そのオフィスに入るが、こちらが知りたい情報は得られなかった。そのことを知る者が、明日の午後になれば来るかも知れないということで、明日改めて来ることにして、オフィスを出て、宿へと戻って行く。

翌日（五月一九日、金曜）、この町を見物する。今日一日がそれに当てられている。明日はこの町から少し離れた村へ行こうと思っている。それがこの町に来た目的でもあったから。従って、宿には連泊する。

午前十時四十五分、宿を出て動き出す。五分後、鉄道駅に入り、朝食兼昼食を摂る。この町では、ただその雰囲気を感じればいい。そしてこの町からある村へ行けばいい。その移動の方法を問おうとしたが、午後にならなければ来ないことは昨日の「ツーリスト・オフィス」で言われていた。それで昼零時十五分には、宿に戻っている。日本への便り書きなどをして過ごす。

午後二時四十五分に宿を出て、十分後、その「九月十四日広場」にある「ツーリスト・オフィス」へ入る。しかしその村、Chipiriri《チィピリリ》のことを知る者は、さらに「五時にならなければ来ない」と言うことで、そこを離れる。

二時間程、時間を潰さなければならない。同広場にある小さな店で、ハムパンと紅茶を飲食する。次に郵便局へ行き、先程書いた便りを日本に出す。

その後、Rocha 川縁りに出て、その川に沿って歩く。Quintanilla 広場、Colon 広場を経て、「ツーリスト・オフィス」に四時五十五分に戻って来る。今回はその村への行き方を知る人は居た。そのバスの発車場所、そしてバス会社の名を聞いて、そこを離れる。これで明朝、その村へ行くことができるだろう。

「ツーリスト・オフィス」からの帰路に「サン・シモン大学」に寄り、その内にある「博物館」に入って展示品を眺める。気持ちにそんな余裕もできたので。

チィピリリ村へ

どこがチィピリリの村なのか、分からない。ただその名の書かれた小さな標識をバスの中から認めただけだった。

村、なのか、単なる土地の名称なのか、さっぱり分からない。折からの大雨、バスから降りる気をなくしている。

——コチャバンバの宿「エル・ドラド」から歩いて五分程の処に、Lanza《ランザ》通りがあり、そこから「チィピリリ」村を通るバス、Flota Chapare バスが出る。九時五十五分にランザ通りのそのバス停に着き、十時三十分、Samusabetta《サムサベッタ》村行きのバスはそこを発っていた——ただ狭い道があり、そこをバスが走っているだけで、少し前に通過した、Villa Tunari《ビジャ・ツゥナリ》（ツゥナリ村）のような感じの家々はどこにも見当たらなかった。

たぶん、チィピリリ村も（村なら）いくつかの家が並ぶ村落だろう。しかしバスはそこを通らずに、真っ直ぐ終着地を目指して進んでいるのだ。地図には、「ツゥナリ村から七km」とあるので、一時間以上も走った今、そこを通り過ぎてしまったことは明らかだった。

ホテルらしき建物も看板も、ツゥナリ村を過ぎてからはなかった。ただ道々にポツン、ポツンと両側に、黒っぽく見える民家が点在しているに過ぎなかった。

雨は止むことなく降り続いている。私は今夜のことを考える。一応バスの終点まで行って、もしこのバスが折り返しでコチャバンバに戻るのならば、そのまま引き返そうと思う。だが今日戻らない場合には、運転手さんに訊いて、どこか泊まれる処を教えてもらおうと。

乗客は半分程に減っていた。定員は二十三名。ツゥナリ村で、その半分の人たちが降りていた。あの時私は迷っていた。

『ここで降りてしまおうか』

と。しかしただそのチィピリリ村、その土地を見たくて、バスに乗り続けていたのだ。

前方から大型トラックがやって来た。バスと擦れ違う時、互いの運転席辺りで車を停め、何やら話し込む。

そして乗客達は皆降り始めた。どうやらこの雨で道がぬかるみ、これ以上進めないようだ。私も仕方なく立ち上がり、降車口のある前方へと歩いて行く。そして運転手さんに、

「このバスはコチャバンバに戻りますか?」

「ノー」

「この辺りにホテルはありますか?」

「ノー・アイ(ないよ)」

やっぱり。あーどうしよう。まだ陽光はあった。明るいことだけがせめてもの心強さだ。といっても、一時間後には暮れるだろう。

途方にくれる。しかし運転手さんが何やらこちらに話し掛け、「心配しなくていい」といった動作をした。ここでは私はどうすることもできない。

下車し、乗降扉に錠を掛けると、その初老の運転手さんは、道を前方へと歩き出した。私は遅れずに付いて行く。なるほど、ひどいぬかるみだ。水と粘土質の道を、足元に注意しながら歩いて行く。

十分程行くと、小さな店屋があり、そこに運転手さんは入って行った。彼はそこに居た人と話し合う。どうやらここがサムサベッタ村の終点地点らしい。バスが道悪の為にここまで来られないことを、また明朝のバス乗り場のことを知らせているようだ。

話はすぐに済み、再び今来た道を私たちは引き返した。途中で擦れ違う人々にも、彼は明朝のバス乗り場を、手で前方を示しながら伝えた。

ドアに掛けた錠を外すと、私たちは乗り込み、エンジンをかけると、バックギアに入れ、数百メートル後戻りした。日が傾き始めている。

このあとどうなるのか、私は全く分からない。

方向転換して、ローギアに入れ換えて、少し走ると、左側の民家から大勢の男たちが鉈《ナタ》を手にして出て来た。十人程の彼等は、そしてバスに乗り込んだ。

運転手さんとは顔見知りのようだ。それは当然のことかも知れない。一日一便のバス、その運転手と地元の人たちとは自然に親しい間柄になるだろう。

民家から出て来て、バスに乗らない人たちも、皆それぞれ近所の人たちなのだろう。少しすると、どこかに消えていた。

バスは走り出すと、だが一分もしないうちに再び止まり、乗っていた十人程の人たちは全員下車した。

バスもその道の側端に駐車し直した。どうやらここで一夜を明かすらしい。運転手さんはエンジンを切ると、こちらに目で合図した。今乗って来た一人の男が待っていて、「一緒に行くように」と。バスを駐めた処がその男の家への、脇道前だった。

叢《くさむら》と水との中を十メートル程歩くと、家があった。玄関はない。二階建て。

一階は仕事場兼台所炊事場の土間である。木製の長椅子があって、私たちはそこに腰を降ろした。十五畳程の広さだ。雨は止むことなく降っていたが、吹き込むことはなかった。バナナの木がこの建物を囲んでいた。

私たちの坐る長椅子の、反対側に竈《かまど》があり、火が熾《おこ》されている。そこで彼の妻であろう女性が炊事をしている。

私たちが一息ついていると、彼女はコーヒーとパンを運んで来てくれた。私はただ、

「Gracias《グラシアス》（ありがとう）」

と言うだけだった。言葉を知らないということは、こういう無償の親切を受けた際に、最も悲しい。また申し訳なさで一杯だった。

運転手さんとこの家の主は盛んに話し合っている。勿論、世間話なのだろうが、こちらはそれにも加われず、ただコーヒーとパンを飲食するのみだった。情け無くもあった。

ここには他に、息子さんであろう十七～八歳位の青年と、私たちがここに着いたすぐあとにやって来た、近所の男の人とが居た。

どうやらそのコーヒーとパンから夕食は始まったようだ。コーヒーのあとには、ご飯と目玉焼き、それに茹で上げた長芋がアルミの器（平皿）に盛られて、それぞれの人たちに配られた。私はそれを奥さんから受け取る時も、ただ「ありがとう」の言葉しかなかった。

このような「もてなし」を受けてもいいのだろうか。私を含めて他人が三人、しかし運転手

さんも近所の人も知り合いだ。全く見ず知らずの他《よ》そ者は私だけだ。しかし、ここの人たちは――主も奥さんも息子さんも――こちらを優しく受け入れてくれた。こちらは身体を小さくせずにはいられなかった。

日は暮れた。少しの明るみは空にはあったが、アッという間にそれも消えた。

食べ終わると運転手さんは言う。

「君はこの上階で寝るのだ。私はあのバスの中で眠る」

もしスペイン語が話せたら、私はこう言ったであろう。

「私がバスの中で寝ます。こんな親切は受けられません」

と。しかし悲しいかな、私はすまなそうな顔をするだけで、何の言葉も発せなかった。

薄明も刹那だった。運転手さんが出て行って間もなく、辺りは真っ暗になった。ただ竈から移した小さな石油灯の明かりがあるだけだった。

七時頃だろう。私はこの家の主に促されて、一本丸木の階段を上階（二階）へと昇って行く。そこはサトウキビの皮で敷きつめられた床だった。

主と奥さんは早速、私の為の寝床を作ってくれた。やはり植物の繊維から編んだ網のような一枚を、一人分の布団位に折り畳んだ、それが敷き布団だった。その上に厚手の白い布を被せてくれた。シーツである。そして、毛布が三枚。

私は少し離れた処で、ただ立って見つめているだけだった。

息子さんが持って来てくれたのは、一人用の蚊帳だった。それを主と二人でサトウキビの皮を細く切ったものを、縄にして張ってくれた。

主は出来上がると、こちらに、「さあ寝て」と動作で示した。私は再々、「ありがとう」の言葉だけを言って、蚊帳の中にもぐり込んだ。

壁はない。風はまともに吹き抜ける。しかし蚊帳の内では、ほとんど風を感じなかった。蚊帳の一歩向こうは濡れている。しかし内は暖かい。

私が横になると、この家の人たちはそれぞれの蚊帳の内に入り、数分後、石油灯は消された。

目を外にやると、バナナの木の間越しに、バスの車内灯が見えた。まだ運転手さんは眠っていないようだ。私は菰《こも》袋に白布を掛けた枕に頭を乗せて、人々の温かさを感じていた。

本当に鶏は夜明けを知らせた。鶏のその鳴き声に起こされた時、外には薄明かりがあった。

雨はまだ降り続いている。しかし気分は良かった。

私はすでに起き出している家の人たちに、

「おはようございます（Buenos dias《ブエノス・ディアス》）」

と言って、起き出した。六時を少し回っている。

一本丸木の階段を下りて、その場にある椅子に坐っていると、少しして運転手さんがやって来た。

私は朝の挨拶をすると、彼も笑顔で、

「ブエノス・ディアス」

と返してくれた。奥さんがコーヒーとパンを昨日同様、運んで来てくれた。

主と息子さんはコーヒーを飲み終えると、再び二階へ上がり仕事を始めた。こちらは丸木階段の所からそれを眺めた。何かを絞っているように見えた。ちょうど日本のインスタント漬物器械、あれの大型のような。

勿論、全く違うのだが、そんなようなものだった。二人して全身で木の回転棒を、歩きながら回していた。私には何をしているのか、分からない。それで私は靴を脱ぐと、再び二階へと上がって行った。

主は、「少し待って」と。息子さんが囲んでいた木の枠組を外した。そこにはコカの葉があった。上から圧縮し、包装・荷上げし易いように、直方体に葉を整えていたのだった。葉の下にはやはりサトウキビの大き目の皮が敷いてあり、枠を外すと、それを葉の四面に囲った。そのあと、よくしなる細竹で縛るのだった。

車のクラクションが聞こえた。バスが戻って来たのだ。私はその仕事をもっと見ていたかったが、去らねばならなかった。お礼の言葉もそこそこに、雨の中を小走りにバスへと向かった。

あー、何という親切な人たちなのだろう。主は一見、怖そうな人だったが、心根のとても優しい人だった。そして奥さんは、主に相応しい、物静かで、よく働く人だった。その声は娘さんのように可愛かった。

私にできることは……、何もない。ただその名も知らぬ家族に、これからの日々に幸が多いことを祈るばかりだった。

帰りのバスの中では、眠ることもなく過ごした。

一時間半程後、昨日通らなかった道を折れるのを知る。どうやらそこが、チィピリリ村らしかった。

僅かだが家々があるのが認められた。そしてここが確かにチィピリリ村だった。

ここに日本人夫婦が住んでいると言う。昨夜、主は私にそう教えてくれた。私には訪ねてみたい気もあったが、何の用件もない者が不意に訪れるのも如何なものかと思われて、それはやめる。いつかまた……、いやそれは無理であろう。知らない間同士は知らない間に、通り過ぎるのが自然なのだ。それが最良のことのように思われた。

ただサムサベッタ村に親切な家族が居り、またチィピリリ村に日本人家族も生活しているという、そのことのみを知って離れても、充分過ぎる程のここに来た価値はあったと思われた。

ボリビア、コチャバンバ、サムサベッタ村。親切な家族が住む土地。名前も知らない家族。

それでも私は満足感一杯で、バスに揺られていた——何故、「コチャバンバ」と「チィピリリ村」を訪れたかは、永井龍男氏の小説『コチャバンバ行き』を読んでいたからだった（小説では、「チュピイリリ」となっている）。可能なら、その二つの地を訪れてみたいと……。

峠の向こうに、真っ青な空が見える。今日もやはり、コチャバンバは快晴に違いない。心は穏やかだった。それは瞬時のことではあったが、久しぶりのそんな心持ちだった。明日はラパスへ向かおう。そして一歩一歩、日本への道を進んで行こう。

ティティカカ湖

彼女等が厚くまとう衣装は、朝晩の寒さから身を守る為のものだ。そしてまた、どこの道端にでも坐れるように、その下半身を蔽《おお》うスカートは分厚く大きい――幾重にもお尻の部分を保護しているのだ。

その「山高帽」を被り、「ポンチョ」を羽織り、いくつもの荷物を抱えた彼女等を初めて間近に見たのは、アントファガスタからオルロへの列車の中でだった。

カラマの駅で彼女等は乗り込んで来た。それは同じチリでありながら、異なる民族が現れた感じだった。その後の、コチャバンバ、ラパス、そしてここCopacabana《コパカバーナ》の町でも女性は、子供にしても大人にしても、その姿形《なり》で道を往き来していた。あるいはこの国の多くの人々が、同一の民族なのかも知れない（不勉強な私には、そこのところは分からない）。

彼女等は大人しい。路上に坐り、物を売っていても、決して呼び込みの声を上げないし、呼び掛けもしない。

私は時折、そこで飲食し、また買い物もした。心根の優しい人たちばかりのような気がする。

サムサベッタ村からコチャバンバに戻った日は、その安宿「エル・ドラド」に再び泊まり（荷物は置いてあった）、その翌日の夜行バスでラパスに向かった。そして翌早朝にそこに着き、その日から町中見物をし、二泊したあと、次の朝七時四十分発のバスで……。

バスがラパスの町を出てから一時間半程走った頃、左手に湖が見えて来た。「Titicaca《ティティカカ》湖」（正確には同湖の南側に位置する、同湖の一部の「Huinaymarca 湖」だが）である。この国で、いやこの南米大陸で最も見つめてみたかった湖——それは、私にはその語韻が何とも魅力的で……。魅力的な響きだった故に、必ず訪れ、見つめてみたい、との思いがあった。

しかし今は、そこに在《あ》って欲しいと、その水面にいくつも浮かんでいて欲しいと願っていた、「バルサ」というトトラと呼ばれる水生植物製の小舟は、ほとんどなかった——ポツンポツンと数えられる程しかなかった。

山の崖沿いを走るバス。それは恐怖でもあった。もし運転を誤れば、百メートル近く転がり、確実に湖へと落ち込む。ガードレールも、カーブミラーも何もない。

道幅も大型バスがそのままの速度では擦れ違える程の広さはない。だが運転手はこちらの危惧には無関係に、慣れたハンドル捌きで動かしていた。時々、脇見をし、ハンドルから片手を離し……。私はそれを認める度、対向車の来ないことを祈るばかりだった。

約三時間後（十時二十分）、コパカバーナへ渡る湖辺、Tiquinaに着く。ここからは人間とバスとは分かれて、別々の船に乗る。ただそのコパカバーナのある側の地は、すぐ近くに見える。同三十五分、人間を乗せた小舟（モーター付）は岸辺を離れる。湖水は綺麗だ。私はこの国にまだあと少し留《とど》まりたい気と、早く次の国へと進みたい心とが、入り混じって複雑だった。この旅行自体はほぼ半ばを過ぎている。しかしこれ以上暢びりと彷徨していることは、精神的にも金銭的にも許されないことだった。

ボリビアはこれまで（私が）通って来た、ブラジルともアルゼンチンともチリとも、少し違った国だった。これから入国する予定のペルーも、その山岳地域では、このボリビアと同じかも知れない。しかしそこ以降の予定国、エクアドル、コロンビアには果たしてどんな人々が居て、町の光景はどんななのであろうか。

確かに欧米や日本に比べれば、衣食住は安いと思う。それは何を意味しているのか。この国の、その彼女等の生活の糧は、食物や衣類や小間物・日用雑貨品を売ることだ。果たしてその配偶者（男性）達は何をしているのだろうか。

女性達、子供達

この国でも当然の如く、子供は溢れている。そしてこれまでの南米の国々同様に働いている。

それはまだ、十歳にも満たない子供達である。

靴磨きをする為に、母親と同じように路上に坐り、お客が来るのを黙然と待っている。

バス移動時、町々、村々に停まる度、その車窓外下に群がる子供達を見て、もし私がこの国に生まれていたなら、間違いなく同じように、各バスの窓々を売り物の何かを大きなお盆に載せて、往復していたことだろう。

また時には入口ドアから車内に入り込んで、一所懸命売り物の名を連呼していただろう。あるいは履き物もなく裸足で、道々を目的もなく、歩いていたに違いない。

昨日、ラパスからの日帰り旅行で行った、「Tiahuanacu《ティワナク》」村で（遺跡がある）、ビー玉遊びをする子供達の仲間に入った。私はたまたま持っていたパチンコ玉を出して、それで彼等の遊びに加わったのだ。

彼等はその鋼製の玉を珍しがり、それを奪い合った。何故それがそれ程珍しいのか、私には理解できなかった。

一人の子供が、「カンビオ（交換）」と言って、土で作られた小さな像を示した。それは、ここに来る観光客に売るモノだった。

「ノー」

私は返事したが、その子はそのパチンコ玉を握って離さなかった。私はその子がいとおしくなり、その玉をあげようと思ったが、その小さな土の像を記念として貰った。つまり、「カンビオ」した。

その子はそれを自分のモノにすると、ビー玉遊びをやめて、どこかへと消えて行った。大切な宝物を早く自分の場所へ隠しに行ったのかも知れない。

子供、童《わらべ》、赤児。

そう、もしこの土地を旅行して回るならば、女性達が、あるいは女の子が無造作に、荷物のように背負っている物に、決してぶつかってはならない。その中には赤児が居るのだから。手も足も頭も何も見えないけれど、背の形が細く斜めに出っぱっていたら、内には一つの生命が息づいているのだから。

帽子を被る彼女等。それは砂塵から髪の毛を守る為だ。ほとんどの道は地肌のままだ。そしてそれは車が通れば、強烈に舞う埃だ。彼女等の髪は長い。お下げを三つ編みにし、民族衣装のポンチョの内に隠している。

高度三千八百メートル、日中での急坂の登り降りはそれでも汗をかく。だが、夜間の空気は凍える程冷たい。彼女等の衣装は、この土地に最も相応しいものなのだった。このことは彼等だけに限ったことではないが。「装い」とは長い歴史が、必然として人々に与えたもののような気がしている。

ペルー

入国拒否

北から下って来た旅行者に訊いても、問題なく入国できる筈のペルーで、私はこの大陸で初めて入国を拒否された。それは折からの国内騒動とは全く関係のない理由からだった。

係官は一応、規則通りというのだろうか、ペルー出国を証する、何らかの切符の提示を要求した。しかしこちらにそのようなものがある筈はなかった。アルゼンチンでもチリでも、そして一番問題と考えていたボリビアでも、入国に際してそのような要求はなかった。

だがここの国境の中年の男は、執拗にそれを要求した。こちらはどうするべきか迷う。だが考えても良い案が浮かぶことはなかった。

外の道路には満員の乗客を乗せた、コパカバーナ発、ペルー、Yunguyo《ユングヨ》行きのローカルバスがこちらだけを待って止まっていた（コパカバーナ発、午前九時四十五分。ボリビア側国境着、同五十五分。十時十分、同所発。ペルー側国境着、十時二十分）。

係官は、

「ボリビアの金を持っているか？」

私は、残っていた百ペソ紙幣を出す。彼はそれをペルー通貨（＝ソル）に両替すると（七百ソル、寄越した）、

「ユングヨにある〝モラレス社〟でバスの切符を買って来い。どのルートでも構わないから、このペルーから出国するのを、証するものなら何でもいいから」

と。そしてこちらのパスポートを机の抽き出しに仕舞うと、

「さあ、早く行け！」

と、手で合図した。

私は旅行に際して最も必要なものを失う。自分の身体の半分が、どこかに吹き飛ばされてしまったような感じだ。とにかくそのユングヨに行かなければならない。そしてそこで、「出国切符」を手に入れなければ……。

バスに戻ると、それはすぐに発車した（十時三十分）。他の客には迷惑なことだが。

国境事務所から五分程で、終点のユングヨ村の中心広場に着いた。

乗客達は下車して行く。私に村の景色を見る余裕はない。とにかくバス会社の「モラレス」を探すのが最初だ。そこで出国のバス切符を購入しなければならない。

バスの車掌の子供に頼んで、「モラレス社」へ連れて行ってもらう。初めての処では右も左も分からない。

モラレス社はバスを降りた広場に面してあった。しかしこんな小村の事務所では、こちらの予定出国ルート、ペルー（首都、Lima《リマ》）→エクアドル（Guayaquil《グアヤキル》）の乗車券など扱っていなかった。手に入れることのできる切符とは、再びボリビアに抜けるものだけだった。それも今来たルート、ユングヨ→コパカバーナのローカル線の切符ではなく、Puno《プーノ》→ラパス行きの長距離切符のみがそれだった。

その代金は、千六百ソルという。こちらにそれだけの金はなかった。こちらの持っている外貨は、すべて旅行用小切手（T／C）で、旅券なしでは換金できないものだった。

その事務所を出ると、途方にくれる。どう考えてもいい案は浮かばなかった。

広場を見回すと、そこにあるベンチに坐る白人の旅行者達が居る。どうすることもできずで、最後の望みとして彼等の処へ行く。

もしできることならば、不足のペルー貨（九百ソル）を借りたかったのだ。五〜六人居る彼等に話し掛け、事情を説明する。

しかし当然に見ず知らずのアジア人に――話はちゃんと聞いてくれたが――、金を貸す者は居なかった。私もそのことはほぼ予想していたことだったが。

ただそのうちの一人がこんなことを言った。彼もまた、入国に際して私同様の、「待った」がかかったと。しかし彼はその場を何とか切り抜けて入国を果たしたとも。それは……。

袖の下

つまり、その係官にいくらかの金を与えたということで。「袖の下を握らせて」、その場を無事クリアしたと。

私はこれまで、極力そのようなことはせずに旅行して来たが、ここではもはや、そうするより仕方ないようだった。

私は途方にくれながらも少し前までの考え――その国境の入国管理事務所に戻り、訳を話してパスポートを受け取り、再びこの村に来て、両替をして、ラパスへの切符を買い……。

そんな風な考えを改めざるを得ないかと。今は広場のベンチに坐る白人が話したことにいくらかの希望を見出していた。それでうまく入国できれば、一番いいのかも知れない。

私は先程乗って来たバスの、今度はコパカバーナ行きになっている、そのバスの発車を待っている。

バスの前方乗車口近くの一番前の座席に坐っている。その扉の処に、私と同年齢位の男が、ブドウを食べながら立っていた。そんな光景は別に珍しいことではなかった。車内で物を食べるということは、この辺では日常的なことだった。

ただ彼は、私が乗り込んだ時から、こちらのことを凝視していた。それは発車前の時間を、このバスの運転手と話し込んでいて、こちらの状況を知っていることによって、こちらの動きを単に興味のみで見つめているのだと思っていた。

しかしそれは違っていたのだ。いや、ある意味では、正確に当たっていたのかも知れない。そのクリーム色のワイシャツに、柄物のスラックスを穿いた男の人こそ、先程問い詰めた中年の男以上に権力を持つ、その管理事務所の人間だったのだ。

ユングヨ発、十一時三十分。国境事務所前着、同四十分。

こちらがバスを降り、再び事務所の内で中年の男と対峙していると、すぐにその男の人が入って来たのだ。

中年の男は私に、

「あとのことはこのセニョール（人）が決めるから」

と言って、そこを出て行った。残されたこちらに、その私服の彼《セニョール》は、手で、「待て」と示して、バスの通過を見つめていた。

軍服姿の一人の係官が来た。彼は最初の時に、中年の男と共に、こちらに出国の切符を要求した男だった。彼はこちらのパスポートが仕舞われている机の前の椅子に坐った。

私はしかし、私服の男が居ることで、いくらか心強かった。それは彼がユングヨ村での、こちらの行動を知っていると思っていたし、また事態の推移も、バスの運転手から聞いて承知している筈だと思っていたからだった。

乗って来たバスが走り去った後、彼は一応こちらに切符の提出を求めた。

私はユングヨでのことを話し、

「パスポートがなければ、切符は買えない」

と返事した。制服の男は、何か言ったが、私服の彼はそれを制して、

「旅行用小切手はパスポートがなければ、換金できないのだ」

と、制服に言った。

私の進退は、その私服の男の気分次第だった。

制服の男がこちらに何か言った。そして私服の彼は、黄色い紙を二枚、カーボン紙を挟んでこちらに差し出した。入国の為の用紙だ。

必要事項を記入すると、私服の彼に渡した。彼はそれにスタンプを捺し、またこちらのパスポートにも同様にスタンプを捺し、滞在期限の日数を書いて、その黄色い紙の一片と共にパスポートを返した。

制服の男がまた何か言った。私は握っていた（用意していた）紙幣を差し出した。彼はそれを広げ、金額を確かめると、いくらか不満そうであったが、それ（二百ソル＝約三百四十円）を別の机の抽き出しに仕舞った。

その事務所を正午ちょうどに出ると、ユングヨ村へと歩き出した。数メートル歩いて、もう一つある事務所（たぶん、税関。しかし誰も居なかった）前を通過してから、パスポートを開いた。滞在期限日数はアルゼンチンよりも、またボリビアよりも、はるかに長い日数（九十日）が記され

ていた。ようやくペルーに入国できたのだった。

私はこの時、フランス、スペイン国境でのフランス側係官の肥満体と、その狡猾そうな顔を憶い浮かべた。彼も、そしてここの中年男も、制服の男も、平凡なその職務をもて余しているのだ（真実は、平凡である筈の仕事ではなく、国の最も重要な職種の一つであるに違いないが）。

こちらがその黄色い入国カードを書いていた時、左手首からのぞく腕時計を見つめ、制服の男は、その文字盤を読んで、メーカー名を言い、そして、

「カンビオ（交換しよう）」

と。日本メーカーの時計だが、決して高価なものではなかったが、ためらわず、

「ノー」

彼はその値段を訊き、こちらが答えないでいると、

「百ドルか？」

と。そんなものなのだが、もっと高く言い、彼が、それでも、

「売ってくれ！」

と言うのを遮った。

旅行はとにかく続けられる。間違いなく南米を動いている、との思いを強くして。擦れ違う子供達の、「チーノ（中国人）」の声にも、慣れ始めていた。

Cuzco《クスコ》

ユングヨの宿は、一泊＝百ソル（約百七十円）の安宿。午後一時二十分に入っている（国境からは歩いて二十分程で、中心広場に着いている）。この村ではティティカカ湖を見ればいい。その湖辺周辺、そして広場を中心とした辺りを彷徨して、午後を終える。

翌日、この日になって初めてボリビアとペルーとの間に一時間の時差があることを教えられる。バスで午後に、やはりティティカカ湖畔にある、昨日バス事務所で語られたプーノという村へ行くことになって、その時刻を（現在の時刻を）確認して知ったのだった。ペルー時刻は一時間戻すのだった。

それでペルー時刻の午後一時四十五分、モラレス社のトラックを改造した中型バスに乗って、ユングヨを離れた。

プーノには約四時間半後の、午後六時十分に着いた。ここは次の目的地、クスコへ向かう為の中継地なので、この村で特別見るものも行く処もない。

クスコへは鉄道で行く。それが一般的な方法だ。しかし毎日は出ていない。このプーノ村に着いたのは土曜日（五月二十七日）。クスコへの列車は月曜の早朝六時四十五分発という。二日待てば乗れるのは、ラッキーだったかも知れない。

日曜日は、ただ暢びりと村中を見て過ごす。宿から歩いて十分程で、その鉄道駅に着く。その内を見物し、そしてメルカード（市場）へ行き、朝食を摂って、十一時に帰宿する。午後は零時半頃、宿を出て再びメルカードへ行き、昼食（ごはんにスープのぶっかけメシとコーヒーで、五十五ソル）を摂って、その周辺に立つ露店を見て歩き、二時少し前、宿に戻る。夕方も同じようにメルカードへ行き、夕食を摂って一日を終える。こんな過ごし方が好きだ。宿の近くに市場があるのは楽しく嬉しい（特別、この村からティティカカ湖は見ていない）。

翌月曜日。プーノを朝六時五十分に発つ（定刻より、たった五分しか遅れていない）。約十時間半後、列車がクスコに近づくと、彼等は敏感に外国人（他国者＝非ペルー人）を見分けて、それぞれの席の前に立った。

私の前にも、一人の若い男が来た。流暢な英語である。彼は決まり文句を並べると、彼の受け持ちのホテルを紹介した。紙切れをこちらの眼前に示し、シングルで五米ドルと言った。彼は慣れた手付きでその金額に線を引き、二百ソルと書き直した（米ドルでの支払いより、はるかに安い）。約三百四十円である。

少し迷う。隣の白人カップルは、端《はな》から彼等を無視している。

クスコの町を知らない。どこでもそうだが、迷っているのはこの列車が終点のそこに着くのが、夕方五時三十分ということからだ。当然、日暮れも近い。こちらの頭にあるのは、中心にある「アルマス広場」だ。果たして駅からどれ程の距離にあるのか。定かには分からない。一泊そのホテルに泊まっても、いい気もしている。

彼はこちらの質問にも、きちんと答えた。日本人と知ると、たぶんその文句だけであろう、日本語も話した。彼は一応、こちらがそのホテルに行くと受け取って、

「駅に着いたら、待っていて下さい」

と言って、他の客を探しに、狭い箱の通路を歩いて行った。

クスコ（Wanchaq駅）にも予定時刻とそれ程変わらずに、列車は到着した。

私は他の乗客と共に列車を降りた。先程の彼は、他にも見つけた白人の数人と話している。それを横眼に見ながら、日暮れ始めた町へ、道行く人に訊きながら、「アルマス広場」目指して歩き出した。

どうやら駅から直線で行けるようだった。とにかく急ぐ。十五分程でT字路に突き当たる。

再び道行く人に、「アルマス広場はどこですか？」と、尋ねた。

それはすぐそこにあった。突き当たりを右に折れる。すでに日は落ちていて、暗かった。が、私は広場に沿って左折し、宿を探し出した。もうどこでも良かった。

広場に面して、いくつもの宿看板が出ていて、そのうちの一軒に入る。シャワーがあって、湯が出さえすれば良かった。まともに熱い湯の出る宿には、アルゼンチンのメンドーサ以来、泊まっていない。

その宿（Hotel「PLATEROS」）では、シャワーから湯が出た。このことでは満足のゆく宿だった。

この町では、列車内に入って来た男が言った、「二百ソル」の宿よりも、さらに安い宿でも、湯は出るのだった。今日、私が泊まるこの宿がそうで、百五十ソルだった――さすが、観光地だからなのかも知れない。

久しぶりに温《ぬる》める為の、水の栓もひねった。身体を洗い、気分は良かった。爽やかな気持ちに……。今夜はゆっくりと眠れるだろう。

クスコ発

六月二十四日。〈太陽の祭り〉の日。今年は例年にも増して、それが盛大に催されるらしい。しかしこちらはその日まで待てない。私の旅行はそれで良かった。そんな他愛ない旅行だった。

二日後（五月三十一日）、早朝四時三十分に起床し、プーノから着いた時とは違う鉄道駅・San Pedro 駅には、五時五分には着いていた。五時三十分発、Machu Picchu《マチュピチュ》方面行きの列車に乗るのだ。

しかしまだ、その切符は発売されていない。この辺がこのような国の不思議なところだ。その列車の発時刻の二十五分前になっても売っていないというのだから。

二等の切符を買う人々は、列を作ってその時を待っている。駅舎入口には早朝だというのに、大勢の人でゴッタ返している。たぶん彼等の多くは、この駅舎内で一夜を明かしたのだろう。

何しろその階段にも、建物の前にも、まだ眠りに就いている人たちは沢山いるのだから。

出発時刻の五時三十分になっても、発売されない。そんな気配もない。厄介なことだ。この辺の国を旅行するのは、こんな風なのだ。

六時になってもまだ発売されない。ただその頃から、窓口が違う一等席の方では売られ始めていた。

こちらも仕方なく、一等の方へと、立ちふさがり寝転がっている人々の群れをかき分けて、進んで行った。いつ二等席の切符が売られるのか分からなかったし、その行列にそれ以上並ぶことはできなくなっていた。そのことに疲れ始めていた。何しろ前後左右に現地人が居て、身動きもできない程だったので。

一等車両の切符発売窓口に並んで、やっとその切符を得て、初めて理解できる。二等の切符は、一等の切符をすべて売り尽くしてから、発売されるのだった。

その発売窓口の内には一人の男しか居らず、彼は全く二等切符を買う列を、気に留めてはいなかった。もし一等切符が、その座席分が売れなければ、あるいは二等切符は、その発売は、実際の発車時刻（定刻ではなく、誰かの一存で決まるようだ）間際まで売られないのかも知れなかった。

私は切符を入手して、やっとその人込みから解放されると、列車の止まっている隣の建物へと移動した。

島ホームが一つあり、それぞれのホームに車両が止まっている。右側のホームのそれは「ローカル列車」で、左側のホームに止まるのが、「ツーリスト列車」だった。金額にして倍の差がある。

私の乗るローカル列車が、二時間遅れの、七時三十分発と知ると、駅舎前にあるメルカードへと入って行く。何かを考えても、何にもならない。空腹は怒りを増幅させるだけだった。腹を満たして、流れに任せる以外ない。

カフェ・コン・レチェ（ミルクコーヒー）とパンを注文する。椅子代わりの木箱の上に腰を降ろして、その注文したものが出て来るのを待つ。

――金のある人間がすべてなのだ。五時前から待っていようと、金を沢山出した人間の乗る列車の方が大切なのだ。それは言葉を換えれば、自国民はどうでもいいということなのだ。観光客の方が大事なのだ。そのツーリスト列車の方が、この国にとっては何ものにも増して大事なのだ――

そしてその列車は遅れることなく、定刻通りの七時に、クスコを発って行った。

マチュピチュへ

山間《やまあい》に敷かれた線路なので、当然単線だ。すると、もし途中で線路にトラブルが起これば、どうなるのか。

一日＝二往復のローカル列車と、一往復のツーリスト列車。どんな状況・条件の元でも、ツーリスト列車は定刻通りに運行されなければならないとしたら……。

こちらの乗ったローカル列車は二時間遅れの七時三十分に発ち、途中のChilca《チルカ》駅で三時間十五分（十時三十分から十三時四十五分まで）、そのツーリスト客がマチュピチュ見物を終えて、その駅に戻るまで待たなければならなかった。

現地人には、何もないその駅で待たされていても、怒りの声はない。何時間待たされようと遅れようと、ただ列車が動き出すのを待っているだけだった。

とにかく三時間十五分後に動き出した。

少し行くと、そこだけ複線になっていて、止まっているツーリスト列車と擦れ違う。窓の向こうには遺跡見物を終えた身綺麗な白人達が大勢いた。

それでも、時間後（午後二時四十五分）、列車は再び止まり、乗客達は先を争って降り始めた。駅でも何でもなかったが、こちらもしかし同様にせざるを得ない。

列車を乗り換えるのだった。少し先方の、線路を敷く地盤が崩れていて、列車は先へ進むことができないでいた。三時間以上も待たされたすべての原因はここにあったのだ。

三十分後、前方から別のローカル列車がやって来た。人々は再び先を争って乗り込む。

私はどうでも良かった。日帰りのつもりで何も持って来ていなかった（朝五時三十分に発ち、地盤崩れもなかったのなら、日帰りも可能だっただろう）。しかし当のマチュピチュ駅に着くのが、もう日暮れであろうことは明らかだった。

列車はここでも一時間二十分停まったあとの、四時五分、動き出す。約一時間後の夕方五時、そう私がクスコに着いてから二日後に、やっと目的駅に着いたのだった。

いや正確に言うと、まだ一つ手前の駅だ。しかしこの駅にしか宿泊施設はないとのことで、仕方なく下車し、ホームにある宿に入った。

再び空腹が襲って来る。電灯もない宿を出ると、やはりホームにある食堂に入った。クスコに残して来た荷物が気になったが、どうすることもできなかった。


翌朝七時四十五分、その一つ手前の駅、アグアス・カリンテスのホームにあるその宿、「マチュピチュ」ホステルをチェックアウトする。

そして、やはりホームにある「食堂」で朝食を済ますと、マチュピチュ見物へと動き出す。八時、食堂を出て、線路上を、あるいはその脇を歩いて、終点の「マチュピチュ駅」に達する。ちょうど二十五分かかっている。ここからその遺跡目指して、丘を登って行く。観光写真にある、その遺跡の中を歩いて行く。他にも同じローカル列車で着いた旅行者が、同じように登っている。

かなりの勾配のある山道だが、午前中の程好い陽光もあって、気分はいい。

そして一時間二十五分後の九時五十分に頂上（バスも通っていて、その終点となっている）に達する。そこにある食堂でコカコーラ（五十ソル）を飲んで、一息つく。

そして十分後の十時から遺跡内をめぐり歩く。この遺跡に付き物の動物、リャマも居る。一般人が住む民家もある。

暢びり暢びりその景色を満喫する。午後二時までの四時間をそこで過ごす。私にはそれだけの時間で充分満足できた。

ペルー。マチュピチュの遺跡

先程の食堂で今度はビール（百ソル）を飲んで、来た道（全くの同じ道ではないが）を下って行く。

下りは、四十分（二時五十五分）でマチュピチュ駅に着いた。ローカル列車は三時発ということで五分前に戻ったのだが……。

やはりその列車は定刻に動くことはなかった。

ツーリスト列車に乗ろうと思えば乗れた。それは三時三十分発で、そして定刻にマチュピチュ駅を離れて行ったのだから。

しかし私は戻りも懲りずに「ローカル列車」を選択した。いつ発つか分からないその列車を。待つことに慣れている。いや待たされることに――しかしこれは正常なことではないのだが。定刻が守られないということは。

私の乗る「ローカル列車」がクスコに向けて、アグアス・カリンテス駅を発ったのは――同駅ホームにある食堂で食事をする為に、マチュピチュ駅からそちらに、今朝と同様に歩いて戻っていた――、夜も正《まさ》に夜、九時五分であった。

満員の客を乗せた列車は、定刻より六時間五分遅れで動き出した。人々は大人しく、眠り始めている。これが現実なのだ。こんな風でも何の問題もない国のようだった。

終点のクスコ着、日付の変わった、六月二日の夜中の一時五十五分。

下車すると、急いで荷物を置いてある宿へと向かう。その荷物が無事あることを願って。

十五分後に宿に着き、部屋を確認すると、いい具合に昨日のままで、それはあった。

この日（六月二日）はこの町に泊まって、翌日、首都リマへと向かうことにする。

リマへ

クスコを朝七時三十分に発ったバスは、途中、Abancay（午後二時三十分着、三時発）等の、主要町村に停まりながら、進んで行った。いくつもの山を越え、その度に蛇行を繰り返した。リャマやアルパカや羊、豚、山羊等がどの高原・草原にも放たれ、あるいは群れを作って移動していた。彼等が往々にして、道を横切っていると、その都度運転手は警笛を鳴らし、速度を下げるのだった。

翌早朝五時三十分、Ayacucho 村着。運転手はこの村にあってはいつものことなのか、長い休憩に入る。

一時間半後の七時、再び走り出す。こちらはその間、ずっと目を閉じたままで過ごしている。もうすでに、丸一日バスの中に居る。草原地帯を離れると、深い谷間を進んだ。山の中腹に拓《ひら》かれた道は狭く、そして舗装ではなかった。

埃が陽光に照らし出されて舞い込んだ。それはこの時に限ったことではなく、家々の並ぶ村中を離れると、すぐに砂埃の舞う道々となった。

その埃と、疲れに降参《まい》りながらも、崖際スレスレを行くバスに、一抹の不安を感ぜずにはいられなかった。

運転手は二人居、数時間毎に交代をしていたが、疲労度は私たち乗客以上のことは、明らかだった。

しかし二人共、性格からか、それともこの国の国民性からか、全くそれを感じさせぬ程に、その運転ぶりは当初の頃と少しも変わりはなかった――当初の頃のそれを持続していた。

日本人とは全く異なった職業観を持っているようだった。それは良く言えば、圧迫・緊張感のない気楽な感情《もの》であり、裏を返せば、乗客の人命を預かっているという念《おもい》は、持ち合わせてはいないということだった。それはこの国だけでなく、南米のバス運転手の多くに言えることのようだったが。

とにかく、バスは果てしもなく続く崖に沿って走っていた。

山側にカーブを切る時は、その度、対向車のないことを願った。それは直線でも、あらゆる四輪車と擦れ違う時は、どちらかの車が停車し、相手方が行き過ぎるのを待たなければならぬという、そんな道幅の道路だったからだ。

午後零時少し過ぎ、Huancayo 村着。昼食を摂り、四十五分後発。

午後四時十分、La Oroya 村着。三十分程休憩する。

そして、同村から進路を西に取る。アンデス山脈を越えるのだ。

私は早く再び太平洋を見てみたかった。

そして……。クスコ発後、三十六時間ぶりにやっと前方が展《ひら》け、夕暮れの中に、ぼんやりと山でない、空でもないものが望《み》えた。

午後九時二十分、バスは「パンアメリカン・ハイウェー」に出ると右折し、今まで全く出すことのできなかった速度《スピード》で走り出した。

私はそのスピードに恐れることもなく、やっとホッとし、座席に深々と腰掛け直した。埃からも、上下左右の大きな揺れからも、やっと解放されたのだった。

あとはこの道を行けば、自然にリマに着くのだった。疲れていた私は、再び瞼を閉じ、そこへの到着を待った。

リマ

終点のリマ到着（旧市街にある、Hidalgo Juiyo 通り）は、夜十時ちょうどだった。

しかしいい具合に、そこから歩いて二十分程で、Grau《グラウ》大通りから少し入った処にある、この町での宿となる、日本人経営のペンション「西海」に着いた。ここで数日、休息を取る。

旅行者の誰かが言っていた。

「ボリビアはコソ泥で、ペルーは泥棒、そしてコロンビアは強盗だ」

と。私はしかしペルーで、そのことを意識することはなかった。それはたまたま泊まった宿が日本人経営であり、そこには多くの日本人旅行者が居たからだ。

それ故に必然的に、彼等と外出を一緒にすることが多かったからだ。複数で歩く分には何も、現地人の目は気にならなかった。私はむしろこのリマで、ゆっくりと休養することができた。

相部屋だが、同じ日本人なので、まして朝夕の食事も、ほぼ一緒に集まって食べるのだから

（一泊、二食付きで五百ソル）、盗難の心配をすることはなかった。

リマには五泊した。

着いた翌日の二泊目は、午前中は町中を歩いて少し見物する（日系の旅行代理店で両替もしている。三十米ドルT／Cを。一ドル＝百六十ソル――これまでの市中銀行では、百五十ソルだった――で、四千八百ソルを得ている）。そして午後は、バスに乗って二十分程の処にある、「天野博物館」を見学する。日本人の天野芳太郎博士がこのペルーで発掘した旧時代の遺物が、そこには展示されている。今でもその発掘は続けられているという。

三泊目（六月六日、火曜日）。

午前中、市バスに乗って日本大使館へ行く。日本からの手紙は届いていない。二十分程でそこを出て、再びバスに乗って中心部に戻り、昼食を安食堂で摂ったあと、午後一時二十分に宿に戻って来る。

三時に外出し、旅行代理店や航空会社――ブラジルの「バリグ航空」や、コロンビアの「Avianca《アビアンカ》航空」――のオフィスをめぐる。中米の国のビザ取得には出国の航空券の提示を求める国もあり、MCO（＝Miscellaneous Charges Order ＝航空運賃等の支払いに利用できる有価証票）という航空券の情報を得る為に、それらのオフィスを訪ねていたのだ。旅行を続ける為には、色々クリアしなければならないことがある。

午後六時に宿に戻り、同宿の日本人たちと夕食を共にする。

リマ四泊目。

午前中、中央郵便局へ行き、次に「アビアンカ航空」、その後、「アルゼンチン航空」へ行き、百米ドル分のMCOを購入する。この証票をビザ取得の際に、「出国航空券」の代わりとして提示するつもりだ。それでビザは取れると、日本人旅行者は語っていたからだ。中米の国々は、面積は小さいので、すぐに隣国に着く。フライト時間も短く、その航空代金も百ドルしないものが多い。

午後一時半過ぎに帰宿すると、その後はもう外出せずこの日を終える。

そして、五泊目。

一歩も外出せず、完全休養日とした。この町での予定ももうない。明日は次の国、エクアドルに向けてこの町を発つ。昨日、帰宿する少し前に、そのバス会社、「Roggero《ロジェロ》」で国境経由、エクアドルの首都、Quito《キト》までの予約をしている。

明朝十時発のそのバスに乗り込めば良い。そしてこの北上の旅は、一人ではない。宿で一緒になった、増田さんという男性と、暫く行を共にすることになっていた。

翌六月九日、金曜日。

増田さんと共に宿を、九時二十五分に出る。歩いて十五分で、バス会社「ロジェロ」に着く。

予定の発時刻は十時だが、実際に動き出したのは、三十分遅れの同三十分だ。それ位の遅れはいい方だろう。

客はほぼ満席に乗り込んでいる。南米太平洋岸を貫く幹線道路なので、道はひどくいい。スピードを上げて走り過ぎる。

ここでも運転手は二人体制で、交代しながら、その約千三百㎞の道程を走らせた。途中、昼食、夕食時に、それぞれ（たぶん）決められた停車町に止まりながら。

そして、翌日の午後一時ちょうど、ペルー側の国境町、Tumbes《トゥンベス》に着いた。

全員が下車し、出国の為のパスポート・チェック。そして、次に税関。荷物検査が行なわれる。

この国境の出入国審査はいつもこうなのか。とにかく暢びりとしている。誰も文句は言わないし、誰も急ぐそぶりも見せない。

五十名近い乗客の検査は二時半頃には終わったが、バスはすぐには発たない。時間調整しているのかも知れない。

エクアドル側の国境には、走れば大してかからず着くようだ。それで、ペルー側を発ったのは、午後四時五十分だった。

エクアドル

首都、キトへ

トゥンベスを発って五分後の、午後四時五十五分、エクアドル側国境、Huaquillas に着いた。ここでの入国審査は、三十分程で終わる。もう一日の仕事を終える時刻ということもあったのか。テキパキと乗客全員のそれは進められた。

午後五時三十分、同国境を離れることができる。こちらはとにかく次の国に入れたことに、ホッとしていた。

ここから予定では終着地、首都キトまで、さらに十二時間程かかる。従って、今夜もこの車中泊となる。マァそれはそれで気楽なものである。

途中、いくつかの村々に止まったようだが、こちらは下車することもなく、乗り続けていた。

隣席に坐る増田さんも、同様に静かに車中での時を送っている。

翌早朝六時二十五分に、キトの旧市街、America 通りに面してある、「ロジェロ」社前にバスは着き（約四十四時間のバス行は終わった）、下車する。そして、宿探しに動き出す。

七時二十分、Flores通りで安宿を見つけ（名前は立派にも、ホテル「Ecuador《エクアドル》」）、そこに荷を置く。

増田さんとはそれぞれシングルの部屋を取る。それでも一泊＝四百円程なので、そうする。

この町での行動もそれぞれ違うので、別々に動く。但し、次のコロンビアに入るまでは一緒に移動することになっている。

こちらは九時に動き出す。近くの食堂で朝食を摂り、そしてこの町の見物へと動き出す。

この町に来たなら、「赤道」の走る地点を見なければならない。それは外せない見所だ。

そこへのバス便を探すが、言葉が通じないこともあって、なかなか見つけられない。

といってもそれを、町中の他の見所を回りながらで、探していたのだが。

「ラ・コンパニア教会」→「大聖堂」→「独立広場」→「コロニアル・アート博物館」（休館中）とめぐっている。

正午も過ぎたこともあって、安食堂で昼食を摂る。

零時五十分に同食堂を出て、Cuenca《クエンカ》通りの「プレコロンビア美術・博物館」前のバス停で、やっと「赤道」方面へ行くバスを見つける。

午後一時十五分、そのバスに乗り込む。大型で、Mitad del Mundo社のバスである。

終点の同モニュメント前には二時二十分に着いた。

下車すると、その周辺を眺める。

エクアドル。キト、「赤道記念碑」

ただの国道上に、その赤道を示す看板が立ち、「記念碑」が建ち、観光客用の駐車場がある他には、そこには何もなかった。

そこに一時間程居て、満足して乗って来た同社のバスに乗り込んで、キト市内へと戻って来る。

帰りも一時間二十分程かかっている。

クエンカ通りにあるサンフランシスコ教会前で下車し、同教会を少し見学して、宿には五時十分に戻っている。今日の行動は終了する。

キト、二泊目、三泊目

翌日（六月十二日）は月曜日。アメリカ大使館へ行き、同国入国のビザ取得を探る。最終的にはこの旅行は、アメリカから日本へ飛んで終えることになるからだ。ここから以降の通過する国で、同国のビザが取り易い国を探らなければならない。

宿を九時半頃に出て、Venezuela《ベネズエラ》通りにある「両替店」でそれをし、この国の通貨を入手して、郵便局へ行く。日本へ絵葉書を一通出し、五分後同局を出る。十時を少し過ぎたところだ。朝食を近くの安食堂で摂り、十分後、インフォメーション・オフィスへと動く。それは新市街にあるという。

この町程、その新市街・旧市街のハッキリと分かれている処を知らない。それもその間にある、「ボリバル公園」、「五月二十四日公園」（注、どちらの公園も一九七八年当時の名称。以下、あれば同じです）を、境にして、ガラリとその姿は一変していた。歩いて三十分程の距離に、二つの町はあったが。

私は宿のある旧市街から用を足す為に、度々新市街の方へと足を延ばした。

ただ私の知り得たキトは甚だ狭い範囲だ。だから街全体のことを言うことなど、勿論できない——いや、僅か数日間しか居ない旅行者などに、言い得る訳はないのだが。

私はただ二つのエリアの、それぞれのメインの場所を通り過ぎたにすぎない。

あるいはこの国は隣り合う各国よりも、いくらか豊かなのではないかと、何となく感じられた。

——この日、午前中、新市街にある、「アビアンカ航空」で、コロンビア、San Andres《サン アンドレス》島発コスタリカの首都、San Jose《サン ホセ》行きの航空券を購入している。これでコロンビア入・出国に問題は起こらないだろう――

三泊目。午前中、両替所めぐりをする。少しでも率の良い処で、この国の通貨を入手する為に。これもいつものことだ。貧乏旅行に於いては、その時間も必要となっている。

この国の通貨スクレから次の国、コロンビアの通貨ペソを入手しようとしている。米ドルのT／Cからスクレを多めに得ていた。これもそのようにした方が僅かだが、率が良いとの情報があったからだ。

「ボリバル公園」→「五月二十四公園」と動き、新市街へ入り、Amazonas《アマゾナス》通りを行き、大韓航空のオフィスに入って、十分程休憩する。

それから同オフィスに隣接する両替店で、六百八スクレから八百コロンビア・ペソを得る。これで取りあえず、コロンビア貨を得て、どのような形で同国に入国しても、お金の心配はなくなる。

その後は旅行代理店めぐりをし、コロンビアへのバス便をチェックする。

旧市街へ戻り、宿に一旦戻り（午後一時十五分）、一時間程休憩する。

そして二時半、今度は増田さんと一緒に動く。彼と共に明日のコロンビアへのバス便の予約をする。

私はこれからは一カ国につき、長くて一週間程度で北上して行くことになる。コロンビアを過ぎれば、中米となり――次の北の隣国パナマは、陸路での入国は不可能と言われ、その国はパスして、コスタリカに飛ぶ予定でいる――国土も狭いので、その位の期間で充分のように思えている。

San Cristobal《サン・クリストバル》社で明日のバス便を予約する。エクアドルとコロンビアとの国境の町、Tulcan《ツゥルカン》までのそれを。昼零時十五分発で、約四時間の行程という。六十スクレを支払い、そのオフィスを出て、増田さんと共に帰宿する。

エクアドル国境へ

翌日、午前中、T／Cの発行銀行の「アメリカ銀行」へ行き（新市街にある）、十米ドルを両替する。この国の通貨が不足しそうなので。今夜はまだエクアドル内に居ることになりそうなので。

十時四十分、宿に戻り、そして十一時二十分、増田さんと共にバス会社、「サン・クリストバル社」へ行く。歩いて十分で着く。

そしてバスはほぼ定刻の零時二十分に発車した。あとはそのバスがツゥルカンに着くのを待っていればいい。

車内はほぼ満席だ。いつものようにこちらは静かに大人しく、その進行に身を委ねていた。

午後四時三十五分、終点のツゥルカンに着いた。

そのバス会社の人に安宿の有無を訊き、すぐ近くにあるペンション「Avenida」に入る。キトの宿と同じで、一泊＝四十スクレという。ここはただ泊まるだけの町。エクアドル側の国境事務所があるが、コロンビアへ行くのは明日にしている。

エクアドル最後の夜を増田さんと送る。夕食をしに村中へ出て行き、しかし一時間程で宿に戻って来る。

巷間伝えられているコロンビアを前にして、少しナーバスに私はなっている。うまくその国を越えられれば、次は中米が始まる。それらの国には首都だけに泊まればいい。二週間後にはメキシコに入っているかも知れない。

コロンビア

やはり予想通りのことが……

六月十五日、木曜日。

エクアドル側のツゥルカン国境管理事務所で、出国審査を十時三十五分には終えている（そこに入って三十分程経っていた）。

そして国境を越えて行くコレクティボ（乗合タクシー）が、そのタクシー乗り場を発ったのは十一時五分。私と増田さんと他に三人が乗っている。

十分後、コロンビア側国境管理事務所に着く。入国した五人の手続きは二十五分程で済む。

増田さんも私も、問題なく入国スタンプは捺されていた。

ここからは別のタクシーに乗り換えて、近くの村、Ipiales《イピアレス》に行く。そこから各地への大型バスが出ているという。しかし……（同村着、五分後の十一時四十五分）。

何故、これ程違うのか。たぶん同じ民族であり、同じ言葉を話すのに。僅か車にして十分程の距離を動いただけというのに。この二国を分ける国の間には、何があったのか……。

国境を越えて北へ行くと——イピアレス村を昼零時三十分に大型バスで発ち二時間後、そのバスの終点のPasto《パスト》という村に着いていた——、その村には強烈な眼差しを持った人々が居た。

コロンビア。

噂に違《たが》わず厳しい国である。それは黄色人種の私たちだけが、あるいは感じるのかも知れない。いや旅行者すべてが様々な被害に遭っているようだった。

私が最も怖れるのは無秩序のそれであった。

増田さんと私はパストで一泊すると、それぞれの目的地へと、翌朝、バス発着場で別れた。

私は再び元に戻り、独りの旅行者になった。私の乗ったバスは首都、Bogota《ボゴタ》行きである。しかし買った切符は途中の町までであった。それはボゴタに直行せずに、少し道を折れて、行きたかったたからだった。

しかしその気持ちはパスト（発、八時三十分）を離れて、二時間後にはすでに無くなっていた。どの国でも町への出入口に検問所があり、その度に車掌は下車し、乗客名簿を彼等に提出、あるいは確認を得るのだった。パストの町を出る時は、何もなかったのだが……。

そして一時間十五分後、人家等は全くない、小丘の所にある検問所で私はひっかかった。

彼等は名簿から異国人の居ることを知り、一人がバスに乗り込むと、真っ直ぐにこちらの処に来た。麦わら帽子を被って、赤ら顔の中年男である。

早口のスペイン語で話した。私はただ、「日本人で、旅行者である」ことを繰り返すのみである。

彼は私のパスポートを握ると、それを私に返しはせずに、それを持ってバスを降り、検問所小屋の脇に居た男にそれを渡した。どうやらそちらのもっと若い、色の浅黒く、そして大柄な眼鏡男が、この場所の元締めであるようだった。

麦わら帽子の男は再びバスに乗り込むと、こちらに「降りろ！」と命じた。私はそれに従う以外ない。他のすべての現地人の乗客達は、成り行きを見守っていた。

私は、疚《やま》しいところは何もないことを唯一の拠り所として、二人の男に対峙した。

大柄の眼鏡男は喚くように、何か言った。

私は全く理解できなかった。何を言っているのか。ただ彼等の尋問の当該理由である、出国切符の提示を求められた時、私は悟った。彼等は、そう動物であった。獲物を狙っているのだった。その獲物はバスの中に、いや陸路を通れば確実に、この地点を通過するのだった。

そしてもし、その切符がなかったならば、彼等は内心小躍りして、外面《そとづら》はより陰険になり、徹底的に獲物を弄ぶのだろう。

私が出国の航空券（キトの「アビアンカ航空」で購入していた、サンアンドレス島➡コスタリカ・サンホセ行き）を示すと、しかしまだ彼等はこちらを、私という獲物を放そうとはしなかった。

今度はパスポートのスタンプに文句をつけ始めた。何を言っているのか、尚更分からない。

眼鏡男はコロンビア入国のスタンプを示し、何か言っている。そのスタンプ（入国印）は私が昨日、正規にこの国に入国する際に受けたものだった。

そのことに対して、スペイン語で何か言われても、こちらには何も言うことはできなかった。ただ彼は盛んに手で、金を示す仕草をしていた。たぶん金さえ出せば、これ以上弄ばずに放してやる、と言っているのだろう。

どうしてこんな男がこのような仕事に就いているのか、日本人の私には全く理解できない
――しかしこのことは後にまた改めて感じることにもなり、そしてこの国のことを、強く知ることになったのだが……。

彼はこちらがどうにも彼の思い通りにならないことを知ると、今度はその入国スタンプの上部に捺されている、エクアドル出国のスタンプに文句をつけ出した。

ここに至って私はハッキリと覚らざるを得なかった。何でも彼にとっては良かった。言葉のできない旅行者に対して、一方的にスペイン語でしゃべりまくり、それは威圧感を最大に込めて迫れば、あるいは彼の思い通りになるとでも考えているようだった。何しろ彼のバックには確かにコロンビア国が控えているのだから。

エクアドル出国スタンプが、どういうことで、彼の気に入らないのか分からない。そんなこと、他の誰に訊いても、彼の納得のゆく答えをする人は居ないだろう。

彼はパスポートからの攻撃を諦めると、今度はこちらの所持品に移った。麦わら帽子の男は彼に命じられると、バスに乗り込み、こちらのバッグ目がけて進んで行った。こちらも同時に

乗り込み、彼に持たせることなく、それを携えてバスを降りた。

彼等の好きなようにさせる以外なかった。パスポートの一件あたりから、事が長引くと知って、バスの運転手と車掌がバスを降り、こちらの側に、いや少し離れて経緯を見守っていた。

こちらはバッグを開けた。麦わら帽子の男は一つずつ、内《なか》にあるものを、バッグの傍らに出していった。眼鏡男は上から、こちらの持ち物が一つずつ出て来るのを見つめている。すべてを出し終えたが、彼等の期待したものはどこにもなかった。私は自分がこれからどうなるのか、分からなかった。ただバスはもう二十分以上そこに止まっており、そこに一人取り残されるのだけを恐れていた。

幸い運転手は、こちらの、「ここに居て下さい」との言葉に、

「シィー（分かった）」

とも、

「ノー（ダメだ）」

とも言わずに、興味から事態を見つめ続けていた。

眼鏡男は再び喚くように言った。運転手はそのスペイン語を聞いて、こちらを見ると、手で手錠の掛かる動作をした。

何故、そうならなければならないのか。すべて彼等の要求通りにこちらは逆らうことなく提示した。ただ金を渡すことを除いては。私は、そんなことがあってたまるか、と思っていた。

しかしもしそうなったら……。

何とか切り抜けて

ただ運転手は、その動作を私に示すと共に、彼は眼鏡男に向かって、

「Porque《ポルケ》（なぜだ）？」

と訊いてくれた。それに対して男は明確には答えられずにいた。つまり理由は何もなかったのだ。

それを知って――運転手の合図もあって――、私は広げられていたこちらの持ち物を、再びバッグに収め始めた。俯《うつむ》いて無言で、それらを入れていった。

半分程収め終わった頃に、誰かがそれを手伝ってくれた。私は乗客の中の一人かと思い、

「ありがとう（グラシアス）」と言った。

こちらは俯いたままだったので、その男の顔も見もせずに荷物を拾っていた。

すべての持ち物をバッグに入れ終えて、初めてその男の顔を見ると、彼は麦わら帽だった。

どういうことなのか。彼はただ眼鏡男の言うがままに動く人形なのかも知れない。ただその時にのみ、まだ残されていた心の内の何ものかによって、私のそれを手伝ってくれたのかも。

そこに眼鏡男は居なかった。彼の検問小屋に入ってしまったらしかった。

私はなぜ繰り返したのだろうか。麦わら帽子の男に向かって、「グラシアス」と。

たぶんスペイン語を普通に知っていれば、そうは言わなかっただろう。そんなことをする彼に、間違いなく皮肉の言葉で、その労をねぎらったであろう。しかし私にはそんなスペイン語の語彙はなかった。

麦わら帽子のその赤い顔の男にチラッと、その言葉《グラシアス》に対して詫びの表情が浮かんだと思ったのは、こちらの錯覚だったのかも知れない。

私はとにかく再びバスの内に入り、他の乗客の視線を受けながら、それまで坐っていた席に身を沈めた。

この検問所に止まってからほぼ一時間。十時四十分にやっとバスはそこを離れた。

バスの揺れに身を任せながら、予定をボゴタ直行に、考えを変えた。余計な時間をこの国で過ごすことはできないと。北へ北へと早く進めて、早くに出国しようと。

Popayan《ポパヤン》着、午後二時五十分。三十分休憩後、出発。

Cali《カリ》着、同六時。一時間後の七時発。

パストを出た時は、ポパヤンで一泊してもいいと思っていた。あるいはカリでも……と。しかし、次へ次へと急ぐことにした。

カリを発った大型バスは、ボゴタに翌朝八時十分に着いた。さすがに首都のここでは、一泊する。

宿を何とか一時間程で見つけ（Residencia「Quindio」＝五十ペソ＝約三百五十円）、五十分後の十時五分に動き出す。当初は首都なので、二泊はしようと思っていたが、一泊のみにする。それ故、有効に動き回らなければならない。土曜日だが、行ける処には行く。

次の町への移動の為のバス会社、旅行代理店、また航空会社めぐりをする。

アルゼンチン航空、Aero Condor 社、そして旅行代理店のいくつか。

午後二時、航空会社「SAM」で Cartagena《カルタヘナ》→サンアンドレス島行きと、サンホセ→Managua《マナグア》（ニカラグアの首都）行きの二つの航空券を購入する。四時に同社を出る。

次にバス会社数社をめぐるが、明日行くカルタヘナへのその切符は買えずにいる。明朝に購入することにして、この町での予定を終える。宿に戻ったのは六時近かった。

この町ではいつもする無目的での彷徨はしなかった。ゆっくり歩くこともしていない。公園その他の処で休憩することも避けた。

それは、町中に多く居た制服の男たちが恐かったからだ。カーキ色の上下を着て、銃を持った警官達がひどく恐怖だった。彼等は常に二人組で町中を歩いており、そして異邦人のこちらを見つけると、執拗に視線を送った。

こんな国はこれまでなかった。彼等の眼は市民以上に強烈だった。エクアドルでは同じ警官に度々道を訊いていた。彼等は優しい目をしていた。故に、道だけではなく、安レストランの場所も尋ねることもあった。

そのことを考えると、陸続きの隣国ではあったが、そこには大きな違いがあった。この国ではむしろ警官を避けて通った。彼等の目に付かないように……。度々嫌な錯覚もした。あの銃で背後から理由もなく撃ち抜かれるという。

早くこの国を抜けよう

ボゴタ一泊後の次の日の午後四時、Medellín《メデリン》行きのバスで首都を離れる——午後一時のチェックアウトまで、朝食に十五分程外出しただけで、あとは部屋に籠もっていた。またチェックアウト後も、すぐに乗り込むバス会社に入って、昼食の時以外は、やはりその建物からは離れなかった。

翌朝九時にメデリンに着く。そして一泊するつもりで宿も取ったが——その料金八十ペソという、パストやボゴタの宿より高い額を支払ってもいたが——、さらに北への、カルタヘナへのバスがあることを知って、そこへと向かうことにした。宿代を払っていて、泊まらずに出るなんてことは、これまでなかったが。それ程、この国を早く出たかったのだ。

メデリンの町を全く見物していない。ただ次のカルタヘナへのバス切符を買う為に（料金を訊く）、そのバス会社、「Express Brasilia」に行ったたに過ぎない。あとは両替の為の、いくつかの銀行をめぐっただけだ。

午前十一時少し過ぎ、早めの昼食を、宿近くの安食堂で摂り、同二十分には宿に戻り、もう外出はしない。

そして午後四時過ぎに先程のバス会社に行き、カルタヘナへのバス切符（三百三十ペソ）を買って、すぐに宿へと戻っている。意味もなく町中を彷徨《うろ》つくということは一切しない。

午後六時、宿をチェックアウトし、バス会社近くの安食堂で夕食を摂り、目立たぬようにバス会社に入り、七時出発予定のバスを待った。

私は完全に恐怖症に陥っていた。そのバスを待っていた時、現地人の男が話し掛けて来たが、私は何も反応しなかった。この国の者との接触は避けたかった。もしエクアドルのように、警官でさえも親しみが持てていたら、これ程市民をも避けたりはしなかっただろう。しかし、今はダメだ。とにかく一刻でも早く、この国を出る為の場所（サンアンドレス島）に辿り着きたかった。そこへはまだ少し距離がある。

メデリン発、予定より十五分遅れの夜七時十五分。

終点のカルタヘナ着、翌朝十一時。

宿探しをして、何とか同五十分には、ホテル「ローマ」に入っている。

カルタヘナ、港町。いい町なのだろう。しかし私はここでも、最低限の距離を歩いただけだった――無意味に彷徨《うろ》つくということは、ここでも全くしていない。

海に沿った防波堤に沿って歩くと、広場に出る。遠くに制服を見つけると、道を変えた。港に停泊する船に近づくと、射すような眼光の男たちの群れに会い、早々にそこを離れた。

メデリンで一泊しない分だけ日程が早まって、一日、サンアンドレス島へ飛ぶフライトの前倒しを、航空会社「SAM」に問うと、可能とのことで、明日の便に変更した。

それを済ますと、午後三時にはボゴタの宿の倍以上の料金（百二十五ペソ＝約八百七十五円）の宿に入って、もう外出しない。ここまで来て警官や軍人等に言い掛かりをつけられたくはなかった。

買ってあるパンでの夕食を部屋で済ますと、七時頃には眠りに就いた。他にすることはなかった。


サンアンドレス島への飛行機は定刻（午前十時十分）には飛ばなかった。というより、到着しなかった。

このカルタヘナは始発地ではない。たぶんボゴタか、メデリンからの、最初の処からのフライトが遅れているのだ。

それにしても三時間……、いや正確に言うと、五時間近くこの空港で待っていたのだ。つまり定刻に合わせて、その一時間半以上前には（八時二十分）、空港に入っていたからだ。

とにかく早くこの大陸から離れたかったのだ。同じコロンビアでもカリブ海の島なら、少しは雰囲気は違うと思われて。

しかし搭乗までは長かった。いや正午を過ぎても搭乗のアナウンスがないと、『この日は運航が中止になったのではないか』と考えてもしまっていた。

だが、いい具合にちょうど三時間遅れであったが、午後一時十分にその機は飛び立ってくれた。大きく安堵した。

飛んでしまえば僅か一時間程のフライトだ（二時十五分着陸）。

――私は機内で、『これが日本へのそれだったら』と考えた。もはや、あまり意味のない旅行を続けているのだ、と。

サンアンドレス島

コロンビア領、サンアンドレス島。

中米から南米へ。あるいはその逆の旅行者の寄宿島（経由島）のようになっている。私のように南米大陸・コロンビアから来た者には、やっと少し気の抜ける処だった。

観光島だ。だから、ひと目で分かる旅行者で――見るからに旅行者で――一杯だ。地元民もスペイン語だけでなく、英語を話す人も多いので、私には少し動き易い。

そのこともそうだが、私には強烈な眼差しから解放されたことが一番のことだった。誰もこちらを注視する者が居なくなって、とても過ごし易かった。

暑い陽光を浴び、一日一度は降るスコールに濡れながら、この島での数日を過ごした。

カリブの海は蒼かったが、私にとっては、日本の沖縄の島々や与論島での海の方が、という気もあった——それ故に、ここでの海に驚きもなく、美しいとも感じなかった。

が、この旅行に於いて、ここまで来れたということは、とても嬉しいことであった。暢びりと、それまでのコロンビアでの町とは違った三日間を過ごした。


サンアンドレス島の空港を、着陸して十分後にはあとにして、歩いて十五分の処にあった、ホテル「Restrepo」に入る。一泊＝五十ペソ（約三百五十円）と聞いて、良かったと思う。観光島でこの値なら、いいと思う。この宿に連泊することを決める。

三時半、宿を出て再び空港へ戻る。やはり歩いて十分程である。そこを眺め、十分後に出る。次に島の中心部へと行く。中心部も歩いて十分程である。次の国、コスタリカ、サンホセへの飛行便のチェックをする。可能ならそのフライトの予約をしようと思う。

四時五分、「アビアンカ」航空オフィスに入る。コスタリカへのフライトを尋ねる。しかしこちらの予定する日に、そこへのフライトはない。

次に歩いて五分程の処にある、「SAM」航空のオフィスへ。ここでは三日後（二十四日）のサンホセへの使があることを知り、「アビアンカ」の航空券《フライト》から「SAM」の航空券《フライト》に変更し（ノーマル・チケットなので、それも可能）、その予約をする。

四時三十分にそこを出ている。これで予定通りゆけばコロンビアを離れられる。コスタリカからは中米となる。パナマには入れなかったが、それは得心する。入国の難しい国は入らないということも。

この島であとやることは、コスタリカのビザと、その次の国のニカラグアのビザの取得である。この島にそれぞれの国の領事館があるということだったから。それは明後日に、そのことの為に動こうと思っている。

宿への途中にあった洋品店で海水パンツを購入する。一度はこの島で海に入るのも、話の夕ネにいいのではと思われて（ブラジルのリオに居た時、コパカバーナの海辺で泳ぐことはなかった）。

五時に帰宿し、この日を終える。この宿、三十五ペソを出せば夕食が食べられる。それで夕食をここで摂る。

二日目、三日目

この島で、何かやった、と言えるとしたら、貸自転車での島内一周であろう。

二日目。島中心部にある銀行で両替したあと、近くの店屋で絵葉書を購入し、それを郵便局から日本の友人に出す。

そして海辺にある貸自転車屋で、それを借りる。小さな島なので、一時間もあれば回れるかと思い、三十ペソを出して一時間借りる。

Rose 村→ St. Luis 村へと走る。後者の村は居心地が良かったので、二十分程を過ごす。

再び中心に戻ったのは二時間十分程過ぎていた。海辺の貸自転車屋へ行き、一時間十五分の超過分、おまけをしてもらって、三十ペソを追加料金として支払って、それを終える。

その後、そのすぐ近くの海に入る。海水パンツを買ったことの元を取る為に。しかしただ水に浸《つ》かった、という程度のものであるが。

二十分程で海から出て、海辺にある魚を売る小屋で、それを食して昼食とする。それなりにこの島を堪能する。

その小屋から歩いて三分、宿に戻り、もう外出もせず、部屋で過ごしている。暢びりとしたかった。


三日目（六月二十三日、金曜日）。

宿を午前十時二十五分に出て、十分後、空港に入る。出国税のことを訊く。

二百ペソか五米ドルと知り、十五分後そこを出て、中心へと行く。

ニカラグア領事館へ行く。領事館といっても、小さな島にあるそこ――空港を出て、歩いて十五分程で着いている――、一般の商店（洋品店）がその業務を行なっている。

話を聞くと、ニカラグア出国の切符が必要という。それでニカラグアからは、次はホンジュラスへ行く予定なので、両国の首都間を行くバス切符の購入をすることにする。

そのバス会社、「Tica《ティカ》」の切符販売所も一般の商店であり、そこは食料や化粧品を売っている店だった。またそこは、コスタリカ領事館も兼ねていた。その商店で、マナグア↓Tegucigalpa《テグシガルパ》（ホンジュラスの首都）間のティカ社のバス切符を九米ドルで購入する。

そこでコスタリカのビザも取得してから（マナグアへの出国切符はある）一旦、帰宿した。

お昼零時三十分に「ニカラグア領事館」に行くが、店は開いているが、その手続きをする者が居ない。訊くと、

「三時頃には来るだろう」

それでそれまで時間を潰す。といっても、特別行く処もないので、昼食を近くの食堂で摂ったあと、宿へと戻って行く。

ニカラグア領事館に二時五十五分に行くが、やはり担当者は居ない。ただ少し待つと、その男はやって来る。それで必要書類に書き込んで、パスポートを渡してそこを出る。

「三十分後にはできている」

と。それでまた近くの食堂で、今度はアイスクリームを食べてその時を待つ。

三時四十分、同領事館に行くと、いい具合にビザは発給されていた。パスポートを受けてホ

ッとする。これで予定通り、この島を離れられる。四時十分、宿に戻ると、もう外出しない。

この島、私にとって南米と中米の確かな境界となった。気分を変えるにちょうど良かった。

他人の目もほとんど気にならなかった。観光客が多く居たから。そして何もせず、怠惰に過ごせたからだ。

この島でやったことと言ったら、すでに書いた、自転車での島一周。それが唯一のことだ。あとは飲食と日向ぼっこ、と睡眠（惰眠）……。


翌日、コスタリカへのフライトは昼零時三十分が定刻。それに合わせて午前十一時五分には空港に入っている。

三日前、この島に入った時、空港では何の検査もなかった。そしてコスタリカへ飛ぶ時も、国際便であるというのに、何の検査もなかった。出国するというのに。

不思議だった。あの南米大陸のカルタヘナから飛ぶ時は国内線だというのに、搭乗前には荷物検査やボディ・チェックまであったというのに。

しかし今は、国を跨ぐフライトだというのに、何のチェックもなかった。いやそれ以上に、私は出国スタンプさえ貰えずに、搭乗待合室まで行けた。

同じコロンビアでも、所が変わればこれ程までに状況・雰囲気が変わるということか。たぶん私は出国スタンプなしで、コスタリカに入国できたであろう。それは出国税を払わずに済むということでもある。

もし、そのインディオの男の人にそのこと――出国スタンプのこと――を確かめなかったら、私はそのまま出国していただろう。その男の人とは、ひょんなことから言葉を交わしていただけだったが。

彼に言われて、彼と共に少しルートを戻り、そして目立たぬ処にあったイミグレーションへ行き、出国スタンプを貰うことができた。これで気掛かり事は消えた。

先程、所が変われば、状況・雰囲気が変わる、と書いたが、変わらぬこともあった。それは時間に対しての考えだった。出発時間が大幅に遅れた。カルタヘナで待たされた三時間、ここではそれ以上も待たされた。これも仕方ないことだった。

コスタリカへの、SAM航空のその機は定刻より五時間十五分遅れの、五時四十五分に離陸した。

こちらは不満だった。何故いつもいつも遅れるのか。時間に対する無神経さは、国民性だけでは済まされないものがあると思う。当然の運行に対する義務を、いや根底には義務という観念が全くないのかも知れないが。あるいはそうだ。だからもうこのことを書くことは止《や》めよう。

空腹だった。機内で出された少量の食事では何の足しにもならなかった。何しろ昼食を、その離陸した五時四十五分まで摂ってはいなかったからだ。コロンビア・ペソは空港で食事できる程は残っていなかった――時刻表でのチェックイン時刻は、十一時になっていた。

中　米

コスタリカ

チーノ、チーノ

サンホセ着陸、六時三十分（コスタリカ時刻は五時三十分。以下、コスタリカ時間）。すでに夕暮れ。空港前のバス停からセントロ（中心地）行きのバスに乗り込むと（六時十分）、早くそこに着いて欲しいと願った。どこでも良い。早く宿を取って、早く食事に出掛けたかった。

再び思う――何度も思ったことだったが。

『貧乏旅行は、（もっと）若い時に限る』

と。そして同時に、この旅行の無意味さを痛感する。中南米を旅行したからといって、その何を知ることができるというのか。

ただ、今は、少しだけ接触を持った彼等（コスタリカ人）について、少し書きたいと思う。

私はたぶん断るだろう。「アミーゴ（友達）になってくれ」と言われても。いや彼等は決してそんなことは言わないだろう。多くは黄色人種を侮蔑しているのだから。

ごく一般的な日本人とは違って、彼等の行動はとても本能的だ。市井の彼等の興味と言えば、食欲、装飾欲、そしてサッカーなどである。

多くの彼等を支配するのは、生《ナマ》のままの欲望だ。たぶんこのことは、これから先も大して変わることはないだろう（と書いたが、日本人の本性も、大して違いはないのかも知れないが……）。

中米。その響きは南米とは違う。しかし実際はどこが違うのか。

コスタリカ。人々は擦れ違い様、東洋種すべてを、「チーノ」と呼ぶ。彼等には全く、アジアの国々は分からない。中国も韓国も日本も、分けることはしない。アジア辺に居る者はすべて、「チーノ」だった。

たぶん彼等はその地域《あたり》を、中南米と同じに考えているのだろう。東洋的風貌の人間は彼等同様、同一の言葉を話し、そして国体も同じだと。たまたまいくつかの国に分かれているのに過ぎないのだと。

確かに中南米、特に中米はいくつかの国があるといっても、同じ言語（スペイン語）を話し、同じ宗教であるし、先住民を除けば、多くがスペイン系の人々の国々だ。かつてはコスタリカからグアテマラまでの国々は一つであったのだから。いかにも己れ中心の人々たちが考えそうなことである。

「日本と中国は違う国ですよ。間に海があって、そんなに簡単には往き来できないのですよ」

と、こちらが一所懸命説明しても、まともに東洋方面の地図を見たこともない、ここの人たちには無意味なことだった。

サンホセ二日目の昼食を、「セントラル・パーク」近くにある店で、そこで売る甘いパンを買おうと先客の後ろに付いて並んで待っていると、こちらの前に居た二人連れの若い女の子が、こちらの顔を見て、「チーノ」と囁き合った。その響きには明らかに蔑みがあった。

旅行者から聞いた話だが、中米のある国の大学生が自慢たらしく、彼の勉強している数学の内容を日本人に見せたという。彼はたぶんとても優秀で、家庭的にも恵まれていたのだろう。その数学の中身は「二次方程式」だったという。日本では中学校で習うものだが、彼には他人に自慢できる内容だったのだ。

これは私の経験だが、国立銀行の行員が両替の為に計算した時、二倍したことはいいが、その掛け算では不安らしく、同じ数字を今度は足し算をして確認したというお国柄なのだから。たぶんそのような国であるからこそ、「方程式」そのものがとてつもなく難しい計算に違いなかった。

「井の中の蛙」

という言葉もあるが、私にはどうしても彼等を見ていると、それを感じない訳にはゆかない。

サンホセ二日目は、主に公園を見て回って終える。スペイン公園→モラザン公園→国立博物館（一時間程見学している）→ナショナル・パーク→セントラル・パーク等。

この間に午前中に「ティカ」バス事務所へ行き、明日のニカラグアの首都、マナグアへのバス切符（六米ドル、プラス税二・六〇コスタリカ・コロン）を買っている（飛行機では行かない）。

午後二時三十分には宿のホテル「MARIA」に戻っていて、もう外出しない。


翌朝、ティカ・バスの定刻は七時。それに合わせて、宿を六時少し前には出ている。同バス会社への途中で、カフェと小パンで朝食を摂って、バス会社には六時十五分に入っている。

しかしいつもながらに、定刻には出ない。仕方ない。

待つこと一時間。八時にそのバスはサンホセを発った。中米の国々をこれから通過して行くのだ。グアテマラまでは、一～二泊で動いて行く。

たぶん彼等自身が造ったのではない、中米を貫くインターナショナル・ハイウェーを、大型の高速バスは走る。道路は良い。隣国ニカラグアへと。

コスタリカ国境、Penas Blancas にはお昼零時三十分に着いた。

乗客の出国手続きは二十分程で済んだが、バスはすぐには発車しない。時間調整をしているのかも知れない。勿論、そのような説明はない。そしていつ発車するのかということも。

こちらはいつものように待つだけだ。

ニカラグア

マナグア

コスタリカ国境を午後二時に発ったバスは五分後、ニカラグア国境に着いた。

乗客全員（四十名程）の入国手続きは、やはり三十分程で済んでいたが、ここでも、すぐには出発しない。ここの国境には「免税店」もあるので、買物をする客も居る。

午後四時三十分、やっと、ティカ・バスはそこを発った。

そして二時間後の六時三十分、マナグアの「ティカ・バス」社前に着く。

私はそのバス会社に隣接するホテルに宿を取る。一泊が一・五〇米ドルなので、そこにする。

もう夜、外へは出ない。この町も二泊の予定なので、明日見物しようと思っている。


どこがセントロ（中心地）なのだろうか、家並みを探した。しかし歩けど歩けど、連なるようなそれはなかった。一面、草っ原である。一際目を引く高層建築は、「アメリカ銀行」である。

他に「建物」と呼べるようなものは、いくつもない。

「インターナショナル・ホテル」

「カテドラル」

「ニカラグア銀行」

「郵便局」

他に何があっただろうか。

この地を襲った大地震。しかしそれから六年が経っているが……。その地震前の町の姿に戻るのは、いつになるのだろうか。まだ、その地震の痕跡が町のあちこちに残っている。

私はここで自動車事故を目撃した。それは当然起こるべくして起こったとも言える。

この町は碁盤の目状に区画されている。

そしてしかし、建物がないということは、たとえ交差するどちらかの道が一時停止（STOP）だとしても、もう一方の優先道路側からの車が無ければ、徐行（SLOW）もせずに突っ走ることになる。それもかなりの速度で……。

道幅は広くない。そこを時速六十㎞位で走るのだ。たとえ今は何もない町だとしても、かつてはたぶん区画区画に家々があったのだろう。その頃にはとても六十㎞という速度は出せない道である。

私がその大きな音で振り返った時、どちらの車も横転しているところだった。フロントガラスは粉々に割れていた。

その音を聞きつけて、廃墟の町からどこからともなく、人々が現れ出した。

私は関心もなく、再び歩き出した。そして思い返して、背筋に冷たいものを感じた。数秒前にその交差する所を通ったのだ。数秒、私が遅かったなら、たぶん二台のうちのどちらかの車から、とばっちりを受けていたことだろう。それ程二台の車は方向定めずに、転がっていたのだから。

私はこれまでのどの首都よりも異様な町を、それでも歩いて行った。明日まで隣国へ直行するバスはなかったのだから。


マナグア二日目。

明日向かう予定のホンジュラスの首都、テグシガルパへのバス切符——は、サンアンドレス島で購入している——の予約をする為に、宿（ホテル「Cerna」）に隣接してある、「ティカ・バス」の事務所へ、午前八時四十五分に入っている。

そしてその予約をして、十分後にはそこを出ている。

明朝六時発のそれを予約する。順調に走れば、午後二時三十分には着くという。中米の国は二泊ずつしていこうと考えている。

バス事務所を出ると、町中を見物する。といっても、見物するような処はない。

中央公園に入って時を潰し、マナグア湖辺を歩き、インターナショナル・ホテルで絵葉書を購入し、そこのロビーで日本の友人へのそれを書き、同ホテルのフロントで切手を買って、そこにあるポストにそれを入れる。

もうこの町での予定はない。午後一時少し前には宿に戻っている。もう外出しない。

翌朝、六時発というバスを確認する為、五時にはバス事務所に入っている。そこには係員も居て、バスは予定通りに出ることを知る。

一旦宿に戻って、五時四十分にチェックアウトし、荷物を持って、そのバス事務所に入っている。

ホンジュラス、エルサルバドル

ホンジュラス

ティカ・バスは定刻より十分遅れの六時十分、マナグアを発った。あとはバスの進行に身を任せていればいい。

八時五十五分、ニカラグアの国境、Guasaule に着く。そこにある管理事務所で出国の手続きをする。この中米はすべてスペイン語だ。係官もスペイン系の白人だ。手続きそのものに煩わしいことはない。このバスはこの中米を縦貫している、謂わばメインの公共の乗り物だ。

一時間近くあとの九時五十分、そこを発つ。隣のホンジュラスは、その管理事務所は、ほんの少し先にある。バスなら一分もかからない。

入国手続きをする。乗客三十名程。白人以外は私だけだ。しかしトラブルはなく入国印は捺された。

同ボーダー発十時四十分。五十分間そこに止まっていた。

一時間後の十一時四十分、Jicaro《ヒカロ》という村に停まる。昼食休憩である。サンドイッチ様のものとコーヒーで済ます。

零時三十五分、同村発。道は良い。時速七～八十㎞で走っている。

二時間後の二時三十五分、テグシガルパ着。ここでも「ティカ・バス」事務所前が終点だ。

宿を探す。事務所の人間に安宿を訊いている。

探しながらだったので、そのホテル「Pacifica」には三時に入っている。一泊＝約二米ドルなので、そこにする。

小休止後、町中見物に出る。モラサン公園、大統領官邸、メルセー公園を見て、散歩する。この町は私にはこれ以上の見所もないように思われて、今日一泊で出ることに決める。それでいい。先を急ぎたいと思う。グアテマラで、そこの首都で少し長逗留しようと思う。リマの日本人経営の宿で、グアテマラ・シティの宿の様子を聞いていて、早くそこに着きたいという気が強くなっていた。

四時半、「ティカ・バス」事務所へ行き、明朝のエルサルバドルの首都、San Salvador《サンサルバドル》への予約をする。それでいいと思う。こんな旅行が私の旅行である。

四時五十分、帰宿して、もう外出しない。

翌朝、バスの発車時刻九時三十分まで、少し動く。郵便局へ行き、日本への絵葉書を出し、宿の左手にある小さな丘にも登って、町を見下ろす。出来ることといったら、それ位だが。

九時五分、「ティカ・バス」事務所に入っている。そして定刻の同三十分、バスはテグシガルパを発った。

二時間後、十一時三十分、昨日ニカラグアから来た時に昼食休憩を取った、ヒカロ村に着く。今日はここでバスを乗り換える。乗って来たバスはニカラグアに行く。エルサルバドルに行くバスはすでに停まっていた。

正午ちょうど、ヒカロを発つ。ニカラグアへのバスもほぼ同時に走り出した。

三十五分後、ホンジュラスのボーダー、El Amatillo に着く。

ここでは出国税を払わされる（コスタリカとグアテマラでの国境では、その税はなかった）。二米ドルである。旅行者だけでなく、全員が払わされている。国のルールなのだから仕方ない。

一時十分、ボーダーを発つ。エルサルバドル・ボーダーは隣接している。

エルサルバドル

特別面倒なこともなく、パスポートに入国スタンプを捺される。よく見ると「十五日」間、居られるようだ。しかし明後日にはこの国を離れるだろう。

一時五十分、ティカ・バスはエルサルバドル・ボーダーを発った。

四時間後の五時五十五分、首都のサンサルバドルの「ティカ・バス」事務所前に着く。

いつものようにバス会社の男に安宿を訊き、十五分後にはその安宿、Hospedaje「Las Vegas」（一泊＝五コロン＝エルサルバドル通貨、約二米ドル）に入っている。見物は明日にする。

翌朝九時に動き出す。近くの食堂でコーヒーとパンで朝食を済まし、郵便局へ行く。日本へ便りを出す。

次に「インフォメーション・オフィス」へ。

町の情報を仕入れ、中心から少し離れた処にある（三十分程歩いている）、航空会社「TACA《タカ》」に入る。しかし航空券をMCOにすることはできない。

同社前のバス停から市バスに乗り、五分後、町中心に戻り、航空会社「SAM《サム》」に入る。「タカ社」でと同様、手持ちの航空券――このエルサルバドル入国の為には、この国を出国する切符の提示が必要と言われていたので、グアテマラ・シティまでの航空券を買っていたのだ――をMCOにしたい旨を告げるが、やはりできない。

この国からグアテマラまでの航空券をMCOにしたいのだ。それができれば、その間をバスで動ける。グアテマラ入国時には、そのMCO（証票航空券）を提示すれば入国できると聞いていたからだ。

次に旅行代理店に行ってみる。「サム」のオフィスのすぐ近くに、代理店「TUREX」があり、そこに入り尋ねてみる。

するとそれは可能という。それでこちらの持つ航空券を渡す。五十米ドルで購入したものだったが、二十六ドルと二十ドルの、二つのＭＣＯになって出て来る。四米ドルの手数料を取られているが仕方ない。

それができて、少しホッとする（まだ、サンホセ→マナグア間の航空券のＭＣＯ化が残っているが、ここでは、「一つのみしかできない」と言われて、そちらは諦めている）。

その後は、グアテマラ・シティまでのバス切符の入手に動く。

「ティカ・バス」のオフィスに行き、明日発のバスを予約し、その切符を購入する。十二・五〇コロン（約五米ドル）。お昼を少し過ぎた時刻。まだ時間はある。

それで、「Ilopango《イロパンゴ》」湖を見物に行く。この町では、そこが見所と言えば言えた。

午後一時に、国立劇場前から十五番の市バスに乗り、同湖には四十分後に着いた。

その湖辺に二時間近く居る。特別な思いもなく、ただその湖辺に居る。何もしない。ただボーッとしている。

戻りも同じ市バスで市内に戻る。

宿には、四時五十五分に戻っている。こちらが「明日、グアテマラにバスで行く」ことを、そこのフロントに居た男に伝えると、

「何バスで行く？」

「ティカ・バスで」

「ここからなら、ティカ・バスでなくても、他にもそこへ行くバスがあるよ」

コスタリカ以来、この中米のハイウェーを走るバスは、ティカ・バスしかないと思っていたが、他にもあることを教えられる。訊くと、ティカ・バスより安くグアテマラまで行くという。

「たぶん五米ドルだと思う」

それならティカ・バスと大して変わらないが、午前中にここを発つ便があれば、それにしようと思う。ティカ・バスは午後発で、グアテマラ・シティ着は夜になるというものだったから。やはり初めての土地には、明るいうちに着いていたい。

それで宿を十五分後には出て、「ティカ・バス」オフィスへ行く。先程購入した切符をキャンセルし、払い戻したい、と言うと、

「キャンセル料が十五％かかるが、いいか？」

と問うので、それでもグアテマラ・シティに早く着きたいという気持ちの方が優って、

「それでも払い戻したい」

と伝える。十二・五〇コロンは、十・六〇コロンになってしまったが、納得する。

その足で、「ティカ・バス」オフィスのすぐ近くにあるバス会社、「Transporte Internacionale」へ行き、明日のグアテマラ・シティ行きの切符を購入する。宿の男が言っていたように料金は五米ドル（米ドル支払い）だった。たぶん大丈夫だろうと思う。朝七時発と聞いて、同オフィスを出て、十分後、宿に戻っている。もう外出しない。

グアテマラ

グアテマラ・シティへ

翌朝六時二十分には宿を出て、近くの食堂で昨日と同じコーヒーとパンで朝食を済まし、宿に戻って荷物を取って、同三十五分には宿のすぐ近くの、そのバス会社に入っている。

そして定刻の七時に大型バスはそこを離れた。

八時四十五分、エルサルバドルの国境、San Cristobal に着き、乗客は全員下車し、出国手続きをした。グアテマラとの関係は良いようで、その出国スタンプを捺す作業も流れ作業だ。旅行者の、そして東洋種のこちらにも、特別な関心も示さずそれは捺された。

グアテマラのボーダーは隣接している。皆歩いてそちらへと行き、その事務所で入国手続きをする。ここでは入国の為の、書類への記入がある。出国の航空券の提示を予想通り求められたが、用意していたＭＣＯの航空券を見せると、そこに書かれる金額までは詳細に調べることはなく——航空券がある、ということが確認されて——、それは返された。

九時三十分、その国境事務所前を離れる。これで中米入国ということに於いては、八割九割が済んだことになる。あとはメキシコと、もしかしたら「Belize《ベリーズ》」という処（国？　英国から独立しているのかどうか、この時、旅行者の私には、情報として入っていなかった）に行くだけである。

暢びりしようと思っているこの国に入れて、少しホッとしている。というのも、ここまでの中米での日々を少し思い出して……。

サンホセから（パナマ・シティからのようだが）グアテマラ・シティまでは、とても快適な道路が縦貫している。その道路を走る大型バスは、確かに他のバスに比べて、装備・機能・外観という点については優れていると思う。

しかし人間は、時にはとんでもない運転手にぶつかることもある。それは以前にも書いているので再びは書かない。ただ日本で言ったらどのようなバスに当たるのだろうか。長距離を走る国境を越えるバスは日本にはないが……。たぶんいくつもの県を越えて走る長距離バスということになるのだろう。そんなバスの運転手は、それがしっかりした会社の運転手であれば、この中米の運転手のようには……。

ここでは国境を越えて走る運転手であっても、町中を走るバスの運転手と何も変わらない。いや変わる筈はないのだ。国境を越えて走るバスの運転手だから、いくらか違った人だろうと思うのは全く当たらない。いい加減な運転をしている者も多く居た。

ホンジュラス（テグシガルパ）もエルサルバドル（サンサルバドル）も、ただ通り過ぎたというだけの町だった。後者の国は、「親日的」と聞かされていたが、こちらには他の中米の国と何も変わらないとしか思えなかった。

「チーノ」は、私自身が、「違います」と思っているだけで、ほとんどのその国の人はこちらを、「チーノ」と認めていたし、外国人というだけで、価格は何もかも高くなっていた。つまり、ふっかける（ボル）のである。

　私の旅行は、

「一度は行ってみるべきだ」

との思いから出ている。だから、この中米にも来ている。

しかし再び「来てみよう」という気は起こらない。滞在期間が短かったこともあって、ここまでの中米の国々の印象は稀薄だ。

たぶんそれぞれの国の首都だけではなく、小さな村を訪れていたら、それぞれの国の印象は違ったものになっていたのだろうが。

　また話は少し逸《そ》れるが、南米ペルーやチリに居る時に聞いた、コロンビアとコスタリカの女性は綺麗だ、ということも、それ程そうとは思わずに、それらの国を通って来ていた。その二国は違った意味でこちらには居心地が悪くて、そんなことを感じている余裕もなかった。

　グアテマラに入って少しホッとしている自分を感じ、同時にこの旅行の、「終わり」も感じ始めていた。

首都、グアテマラ・シティでの日々

サンサルバドルからの大型バスは、国境より三時間以上走って、昼零時四十五分、グアテマラ・シティの旧市街の中心にある公園の前に停まった。ここが終点である。ここからは、情報として聞いていた日本人の多く泊まる宿、ペンション「MEZA《メサ》」に向かう。

人に訊きながら行ったが、十五分後にはそこに入っている。一泊＝二・五〇米ドル（この宿は米ドル払いも可能）。ドミトリィだが、同室者三名はすべて日本人なので何も問題ない。この町に、ここまでの旅行の疲れを癒す意味も含めて一週間位は滞在するつもりでいる。この町でアメリカのビザを取る予定もしているので、ゆっくりしたいと思っている。

今日はもう外出しない。同室の日本人とずっと話している。メキシコやアメリカの情報も訊く。ドミトリィはそのような会話ができるので、とてもいいと思う。

翌朝九時四十五分、宿を出て、サンサルバドルからのバスの終点となった中央公園《ソカロ》に行ってみる。この公園がこの町の中心でもある。ここを起点に六番通り（Av 6）を散歩する。洋品店があると、薄手のジャンパーをチェックする。気に入るものがあれば購入しようと思う。

午前十一時三十五分には宿に戻っている。この宿は三食付きで、二・五〇米ドルだ。勿論、食事を頼まなくても（その分、安く）泊まれるが、三食付きの方が効率的なので、ほとんどの日本人旅行者はそうしている。だから昼食時刻に合わせて帰宿する者が多い。それにいい具合に昼食は午後一時まで食堂の席に着けばそれは供されて、それからならそこに一時間居てもいいのだ。従業員も日本人が多いので、日本人慣れしていて、比較的好意的だ。

その昼食を他の日本人と共に摂り、それぞれの旅行の話をして過ごす。こんな時間が楽しい。旅行のやり方、そして目的も当然に違っている。それでいい。

午後は一時二十五分に見物に出て行く。日曜の今日は、見物以外することはない。

明日からは少し目的を持って動く。一番のそれはアメリカ大使館へ行っての入国査証申請だ。その国に入れなければ、日本には帰国できないのだから。

二時四十五分には宿に戻っていて、もう外出しない。


翌、七月三日、月曜日（三泊目）。

宿を八時五十分に出て、アメリカ銀行には九時五分に着いているが、なぜか「休業日」という（"closed"のボードが掛けられていた）。両替をしようとしたが、できない。

それで両替できる処を、そこに居合わせた人に訊くと、

「ホテル・リッツへ行け」

と。それで歩いて数分にある、ホテル「Ritz《リッツ》」へ行く。

同ホテル内の両替所で、T／Cからグアテマラ・ケツァーレスを得る。レートは銀行と同じ、一対一なので安心する。ただT／Cなので手数料は取られたが。

それを十分で終え、一旦宿へ戻り、昨日造っておいた日本への小包を持って郵便局へと行く。歩いて四〜五分の処にある。

そこでは中身のことをしつこく訊かれ、荷造りしたそれを開けなければならなかった。勿論そこには問題になるようなものはなかったので——主に、これまで動いて来た各都市・町村の観光パンフレット等の紙類と、小さな土産類——、局員が納得すると、再び荷造りをし直して、その日本までの船便の料金を払ってそこを出る。四十分間もそこに居た。

それでもまだ午前十時二十分。次にメキシコ領事館へ行く。同国入国に査証等が必要かどうかの確認だ（郵便局から、歩いて十分程の処に、同領事館はあった）。

「日本人は不要」

と言われる。十分後にはそこを出る。次にメルカード（市場）に行き、薄手のジャンパーを購入する。五ケツァーレス（五米ドル）なので、いいと思う。

早速それを着て歩く。グアテマラ・シティは標高約千五百メートルにあって、七月だが朝夕は涼しく感じられるのだ。このジャンパー一枚があれば、この国の移動も問題ないだろう。

次に、十一時五十分、この国のイミグレーションに行き、滞在許可を貰う。旅行で入った者でもこの首都で、その許可スタンプを貰わなければならない。申請書に必要事項を書き、パスポートと共にそれを提出する。

待つこと五十分程、三十日間有効のスタンプ（30は手書き）が捺されて返される。これで、何も気にすることなく、ゆっくりこの町に居られる。

零時四十五分、同イミグレーション・オフィスを出て、五分後、宿に着く。まだ昼食には間に合う。アボカド等の出る——実は私はこの時、初めてその「アボカド」を食べた——、量も味も満足できるそれを頂いた。

食事を終えて、二時四十五分に宿を出る。郵便局で切手を購入後の、三時五分、「TACA」オフィスに入る。航空券をMCOから買おうとしたが、今居る相手はそれを拒否する。いや、MCOのことが分からないので、相手をしてくれなかった。仕方なく、そこを出て、少し町中を歩いて、同四十五分、宿に戻る。もう外出しない。

Antigua《アンティグア》へ

翌、七月四日。この国では有名な町（村）、アンティグアへ行く。

その村へ行くバスに九時七分、乗り込む。コンコルディア公園近くにあるバス停からだ。宿に居た日本人旅行者の多くが、アンティグアを訪れていた。話のタネには行っておくのもいい。日本人がスペイン語を学ぶ為の学校がそこにはあるようだ。そんな意味でも日本人に有名な処のようだ。

十時四十五分、同村に着き、下車する。六年前の大地震によって崩れた建物が、マナグアの町同様、ここでもそのままになっている。復旧するという考えはないようだ。崩れた処からは立ち退いて、新しいどこかで生活を再建したのだろう。そんな建物の跡がいくつもある。

中央公園に入り、そこを歩き、次にメルカードへ行き、その内で昼食を摂る。この村での行動はこれで終了とする。それでいい。小さな村なので。ただ、スペイン語の学校のような看板はあちこちで見られた。何もない処故に、学ぶのにはいい環境かも知れない。

メルカード前のバス停よりバスに乗って（午後一時）、次にサン・アントニオ村へ行く。そこはアンティグアに来たなら、足を延ばしてみる処というので。

三十分の乗車で同村に着く。中央広場で下車し、その広場周辺を見物する。何ということもない村だが、一時間程を過ごす——小さな工房で、若い女性のする、色彩豊かな「グアテマラ織り」等を見ている。

二時五十分、バスに乗り、アンティグアへと戻る。戻りもやはり三十分かかっている。

アンティグアで、グアテマラ・シティ行きのバスを待つ。それは四時に発った。

五時十分、グアテマラ・シティの、朝に乗り込んだバス停に戻り着く。今日の行動を終える。

アメリカのビザ申請

南米から中米を経由してアメリカへ入る旅行者はメキシコではなく、このグアテマラでアメリカのビザを取得するのが一般的になっている。メキシコより取り易いし、それにそれが出て来るまでの、滞在期間中の生活費がメキシコより安く済むからだ。

アンティグア見物の翌日から、そのビザ取得に動く。この国には市内にアメリカ大使館と領事館の二つがあり、まず領事館の方に行ってみる。

宿から歩いて行く。四十分後の八時四十分に着き、そこに入る。ビザ申請用紙を貰う。取得の為の話を訊く。すると、相手は、

「日本に問い合わせるので、五日程かかる」

と言う。たぶん私の持つパスポート番号の人間が、私であるということの証明がされるのを待つのであろう。それだけアメリカに入るのは大変なのだということを、改めて痛感する（アメリカには過去二回入国していたが、一回目のそれはグアムへの旅行で、その時、一九七二年に取ったビザは短期旅行の、それも往復航空券のある旅行代理店に依頼したものだったので、四年間有効のマルチプルだった。故に翌年、ヨーロッパから入国した際にも、まだそのビザは有効で、改めて取得する必要はなかった。つまり自分自身で同国のビザを取るのは初めてだった）。

四時間近く同領事館に居て、そこを出たのはお昼の零時三十分だった。帰りはバスを利用する。昼食に間に合わせなければならない。

いい具合に、一時五分前に宿に入り、それを食べられている。

午後も再びバスでアメリカ領事館へ行く（二時五分、入館する）。申請書の確認だ。手続きに必

要なことを改めて訊く。そして実際の申請書提出場所は、同大使館の方と教えられる。

二時四十分、バスに乗り、十分後、宿近くのバス停で降り、三時に宿に入っている。もう外出しない。


翌、七月六日、木曜日。

午前中、外出せずに休息している。

午後、昼食のあとに日本大使館へ行く。そこへも市バス（十四番）で十分で着く。大使館前にバス停がある。一時五十分には入館している。日本の新聞を見させてもらう。

アメリカのビザが出るまではこの国を動けない。来週の月曜日に今度は大使館の方に行く。果たして、ビザ発給の為の手続きは行なわれるのか、それはこちらには分からない。

日本大使館を三時に出て、帰路、「ツーリスト・オフィス」に寄り、同五十分に帰宿する。

この日を終える。


翌、七月七日、金曜日。

今日も午前中は休息していて、午後から動き出す。アメリカの査証発給業務は月曜日にならないと行なわれない。従って今日は航空会社へ行き、コスタリカからの出国航空券をＭＣＯに換える作業をする。もうその国は出ているので、それが明記されている航空券は無意味・不要なのだ。ということでその券を、その額面でMCOに換えなければならない。

この日最初に訪れた、ソカロより南へ二㎞程行った、Zona《ソナ》 4地区にある、「SAM」オフィスではMCOにすることはできなかった。二十分程ねばったが、「できない」と言われた。

次に、ソナ4にあるバス停から五番のバスに乗り、十分程でCalle 10 Av 7辺のバス停で下車する。少し歩いて、「TACA《タカ》」オフィスを見つけ、そこでトライする。

ここではどうにか、MCOに換えることができる。やっと五十米ドル分のそれを得る（手数料はなかった）。それは次に航空券を買う時に、現金と同様に使えるものだ。この旅行ではもう利用することはないだろうが——このグアテマラから次のベリーズ、そしてメキシコへは陸路の予定だし、その先のアメリカへも陸路国境越えをするつもりなので。アメリカから日本へのそれは、ロスアンゼルスからハワイ経由東京までのそれは、ロンドンで購入していた。

三十分後、「タカ」オフィスを出て、そこからは歩いて宿へと向かう。二十分後の三時五十分、戻り着く。今日はこれで終わる。

コスタリカからニカラグア間の不要となった航空券も、何とかMCOに換えることができたという安堵もあって——やるべき予定もなくなって——、次の土曜（八泊目）、その翌日の日曜（九泊目）と二日間、何もせずに、休養ということで、一歩も外には出ずに宿で過ごした（三食付なので、それも可能だった）。日本人旅行者と、ほぼずっと話し合っている。

アメリカ・ビザ取得の為の行列での出来事

アメリカのビザの取得はいつの時でもエネルギーのいることなのだ。個人旅行者が個人で申請し、取得する場合には。

午前八時に大使館は開くので、市バス（十四番）に乗って、十分前には大使館前に着いている。しかしすでにそこへの行列はできている。厄介なことである。月曜日は特別なようだ。

八時になって最初の者から入って行く。しかし順番はなかなか進まない。こちらが建物内に入れたのは九時十五分になっていた。その間にこんなことがあった……。

それは度々出喰わすことだった。何も私はこんなことを書く為に、旅行している訳ではないが……。しかしその度に腹を立てている。そしてその記憶は強烈に残り、容易には消えない。

アメリカ大使館前の路上には、並んだ人たちが建物の内に入り切れずにいた。朝八時を少し過ぎたというのに。

私はその列の最後尾につく。その後、牛の歩みではあるが、少しずつその門入口に近づいてゆく。しかし……。

前方に居る者に、その友達が来ると、彼等はまず笑顔で握手し、そして止めどなく話し続ける。そしてその友達も門の入口から内へと入って行く。つまり割り込まれてしまうのだ。

そのようなことは彼等だけではない。並ぶどの人間にも「アミーゴ（友達）」が来て、その並ぶ者の間に入って行く。どれだけ長い列になっていようと、並ぶ者のアミーゴであれば、後ろの者のことなど考えずに、何人でも入って行く。つまり一人でも並んでいれば、その者に付随する人間は、何人でも途中から入ることができるのだ。

この国ではすべてに於いてそうなのだ。それは大っぴらに行なわれていることなのだ。政治家への賄賂も然り。この国では多くの人がこんな風に思っている。

「賄賂やアミーゴで行なう行政が、なぜ悪いのか。悪いことなど何もないではないか。それによって、より仕事がスムーズに運ばれるのだから」

と。これは私たち、いや少なくとも私の理解の範囲からは逸脱している考えなのだが。このようなことはこの中南米社会にあっては、当たり前のことなのかも知れない。私にはそんな彼等のことは理解できないが、それはそれでやり過ごしていかなければならない。そのような国を旅行しているのだから。

それでもとにかくやっと、こちらも建物へ入る門へと近づいた。しかしちょうどその時、天《そら》の雲行きが怪しくなり、少しすると大粒の雨が降り出した。私の前の五〜六人目から雨を遮ることができる処に避難した。私の後ろに居た人たちも同様だった。

それは十分程も降り続いただろうか。雨が小降りになった頃には、すでに新しく人の列ができていた。二方向から一つの入口目指しての動きが始まっていた。

これまでと違う新しくできた列の人たちから、私たちの列は当然目に見えていたのだ。それまでの行列はL字形になっていたのだが、新しい列を作ったのはL字の曲がり角に別のそれを作って並んでしまったのだ。つまりT字にしてしまったのだ。T字を横にした⊢字の形にして、合流を目指すようになってしまったのだ。

もともとの列L字の｜の列に並んでいた人たちは口々にそれを言ったが、新しく並んだ｜の列の者たちは耳をかさず、共に中心の一へ進んで行った。

その合流地点では仕方ない、もともと並んでいた人たちが折れて、順繰りに「一」列に並ぶようにしていった。

列が進み私が合流点に達した。やはり私も順繰りに、向こうからの者を入れなければならない。しかしそっちから来たのが、たまたまカップルで二人が先にその列に入ろうとした。これも仕方ないと、二人を先にした。そしてこちらが二人の後ろに付こうとしたら、あろうことかそのあとの者も、強引にそこに割り込んで来た。それは女だったが、彼女は身体を入れる前に、彼女の持つ手提げ袋を私の前に入れて来た。そして平然と横歩きをして、そのカップルの後ろに付いた。

私は言葉を失う。もともとの列を作っていたこちらの列の者が好意を示して、新しい列の者を順繰りに入れていたのに、さらにその順番を無視して入って来るとは。

その女は三十歳位であろうか。その行為に私が彼女を強く見つめても、何ということもない視線をこちらに返した。このようなことをしても、何とも感じないようだ。ただもし感じるような者なら、最初から新しい列を作ることも、そこに並ぶこともしなかっただろうが。

私は諦めてその女を私の前に入れた。彼女は当然といった風だった。できることならもう、こんな列に並んでいたくはなかった。どうしてこういったことが許されるのか。それにしても、なぜこの国の人たちは、このような行為に批難の目を向けないのか。

しかし、こんなことはこれまでにもあったことだが。例えば、バスやその他の切符を買う際もそうだ。その列が作られ並んでいたとしても、どんどん割り込んで、先に進む者がいる。そしてそんな割り込んだ人間にも、その窓口の者は切符を売るのだった。たとえちゃんと並んではいない者だと分かっていたとしても。

この国でも秩序正しいとか、公徳心（のある）、なんて感情は不要なことだった。このような国では他人（の好意・善意）など、当てにしてはならない。ただ自分のことは自分で守る以外ないのだ。

やっと窓口に至り、申請書は受理され、「明後日に」と言われて、十時に大使館を出る。

アメリカ・ビザ取得

翌火曜日は何もせずに過ごし、次の七月十二日、水曜日。グアテマラ・シティ十二泊目。

午前中にアメリカ大使館へ行き、ビザの確認に行くが、「午後」と言われて、午後二時二十五分に、改めて行き、五分程待たされて、やっと「シングル（一回のみ入国可）」のそれを記されたビザ（正確には、「ノンイミグラント・ビザ」と記されている。つまり「移住者の為のビザではない」と）を得て、同大使館を出る。これでやっとこの町を離れられる。

アメリカ・ビザ取得のことを除けば、暢びりとできた良い町だった。宿が日本人の溜まり場だったことも影響している。従ってそこで働く従業員も、日本人に好意的だった。少なくとも彼等には何の問題もなかった。

ドミトリィの部屋は日本人のみなので、盗難の危惧もあまりなかった。従業員が盗むということも、こちらが泊まっていた間にはなかった。トラブルのようなことは二週間程だったが、なかった。大体三食摂っていたが、食事にも不満はなかった。

ここでアフリカ、ケニアのナイロビのことも耳にしていた。そこでの日本人の定宿は「イクバル・ホテル」ということを。いつかその地に行くことがあれば訪れてみようと（※　その思いは叶って、三年後の一九八一年六月に、同ホテルに入っている）。

また、これから行くメキシコの情報、そして日本への飛行機の搭乗地、ロスアンゼルスの宿のことも訊いている。旅行者にとって新しい情報程、有難いものはない。ここにはアメリカから下って来た旅行者も多く居て、いくつもの情報を仕入れることができていた。

明日にはこの町を出て、いや正確には明後日と日付が変わった（七月十四日）、夜中に出て、Tikal《ティカール》の遺跡へ行く。

そこからはもし、「ベリーズ」に入れれば入国しようと思うが、新しい国（ということが、この宿に泊まる旅行者からもたらされていた。つまり、「独立したのではないか」と——しかし正式な独立は、一九八一年九月ということだったが）なので、国境でのビザのことがよく分からず、もし入れなければ、メキシコに入ろうと思っている。メキシコは日本人にはビザが不要なので、たぶんどの国境（陸路）ででも入国できると思っている。何しろその先のアメリカのビザがあるので、問題はないだろう。

翌七月十三日は、ティカールへの最寄りの町、Flores《フローレス》へのバス切符を買う為にのみ、午前中動く。宿から歩いて十五分の処に、そのバス会社、「Fuente del Norte」がある。そこで明早朝三時発のバスを予約する。切符も購入する。八ケツァーレス。

その後は宿に戻って（十時少し過ぎ）、どこにも出掛けない。

暢びりとでき、とても過ごし易かったこの首都の町でも、やはり人々は日本人とは全く違うと痛感せざるを得なかった。それは当然のことでもあるのだが。

七月十四日の夜中の一時三十分に宿を出、歩いて十五分のバス会社へ行き、そこで待つこと約二時間、三時三十分に、その大型バスはグアテマラ・シティを発った。あとは終点のフローレスに着くのをただ待つだけだ。

途中いくつもの町村に停まり、食事などもしながら、午後五時十五分にフローレスに着いた。いつものようにバス会社の人に、泊まれるだろう宿の在所を訊き、いくつか尋ねて、やっと、ホテル「Guayacan」に部屋を取る。一泊＝一米ドルなのでいいと思う。バスが着いてから、三十分程経っている。ここは次の目的地、ティカールへの中継地だ。明朝早くにはここを出て、そのティカールに向かう。

翌朝、六時に宿を出て、十分後バス停に居て、同三十分発のそれに乗り込む。

ティカールには十時十五分に着く。この遺跡を見ることが目的だが、この国にとって重要な遺跡ということで、入場者にはパスポート・チェックがある。その入口に一時間程留め置かれる。

十一時十五分にやっとその内に入れる。キャンプ場があり、そこが今夜の寝処となる。ハンモックを借りて、その場所がこちらのスペースになる。1／2米ドルである。

十一時四十分、キャンプ場を出て遺跡めぐりをする。単なる旅行者の行動である。適当に動いて行く。

午後二時半まで見て回り、同四十五分にはキャンプ場に戻っている。まだ日はあるが、もう動かない。ハンモックに揺られて過ごす。そんな過ごし方でいい。

一昨夜のグアテマラ・シティからフローレスまでの、バスでのことを思い出している。辛い思い出だったが。

夜中にバスは発ち……。

それは長い強烈なバス行だった。穴ぼこだらけの道もさることながら、私は一種、異様な狂気じみた人間に会ったのだ。

そんな人間を、その間に目の当たりにしたのだった。

夜が明け、陽差しが強まっても、まだ眠かった。眠たいというより、寝たかったのだ。八時過ぎだったろうか。バスは停車した。私は外を見た。それは給油の為のスタンドだった。こちらの席は、夜行便の時はいつもそうしていたように最後尾だった。それはせめても後ろからの盗難を回避する意味からだった。

再び横になって目を閉じる。すると突然、水を浴びせられた。いや「浴びび」たといったら大袈裟かも知れない。しかしその汚水の飛沫は確かにこちらの顔や身体に掛かったのだった。

その若者は洗車しようとしていたのだ。だが、オンボロバス故に、勢いよく水を掛けたことから、閉じた後ろ扉の隙間から、その汚水が車内に入り込んで来たのだった。

浴びたこと自体はいいのだ。大して問題ではない。ただこちらが怒ったのは、それをした人間が、その後に何をしたのかだった。彼は私が後ろ扉を開け、通じない言葉で注意すると、ケラケラと笑ったのだった。それは正《まさ》しく、ケラケラと。

その表情に私は異常なものを感じた。確かに彼にとってみたら、汚水の斑点がいくつもあるこちらの顔は笑いの対象に違いなかった。しかしそれは誰によって成《な》されたのか。せめて私は彼に謝りの表情をして欲しかった。言葉なんかは要《い》らない。ただ黙って眼だけでも伏せて欲しかった。それはこちらと目が合った一瞬でも良かったのだが……。

しかし彼はケラケラと笑い続けた。私はバスを降りると、彼を捕らえようとした。しかし私の動作を見ると、彼は逃げ出した。そしてスタンドの事務所の中へと消えた。私は追うように後ろからその内に入って行った。

すると別の赤髪の若い男が出て来た。私は彼に、

「今、ここに入った男を出せ」

と言った。しかしその赤髪は応じなかった。その態度は逃げた男以上に、敵意を剥き出しにしていた。私はもっと奥に入ろうとした。すると赤髪は先に奥に入ると、刃渡り五十センチ程もある、刈り草用の大ナタを持ち出した。そしてそれを私の前で振り出した。

何からその行為は発しているというのだ。たかが水を浴びたことだった。私は呆れ果てた。そうサッカーの試合から、国同士の戦争に発展するというのだから、「水浴びせ」から、個人の殺し合いになったとしても、さして驚くことではないのかも知れない。

こちらを呼ぶ者が居た。車掌だった。私は赤髪に背を向けて、バスへと歩き出した。

たぶんそこで何があったとしても、ただの喧嘩として処理され――その間のことなど一顧だにされず――、傷つき、あるいは死んだとしても、ただその事実だけを残して、しかし数日もすれば、誰からも忘れ去られてしまう、このことは、そういった種類のことだったのだろう。

ベリーズへ向かう

ティカール遺跡のキャンプ場で、ハンモックでの一泊後、翌朝のバスでフローレスに戻るつもりだったが、少し寝坊し、五時三十分発のそれには乗れなかった。次の便は午後一時三十分。それまで何をすることもなく過ごす。キャンプ場周辺を歩き回ることはしていたが。

一時三十分、バスはいい具合に定刻に発った。そしてフローレス終点には四時五十分に着く。一昨日泊まったホテルとは違う、ペンション「ユニバーサル」に泊まる。バス会社のすぐ前にあったからだ。明日にはこの町を発って、バスでベリーズに向かうので。

グアテマラでの時間は終わる。

翌朝六時二十分、宿を出て、すぐのバス会社に入る。そして国境方面へ行くバスを待つ。六時五十分にはバスはやって来て、七時十五分、ベリーズ国境へのバスはフローレスを発った。

三時間三十分後の十時四十五分、国境の Melchor de Mencos に着く。

イミグレーションの建物に入り、出国手続きをする。

十一時三十分、それを終え、歩いて国境を越える。グアテマラのバスは、その国境までだった。

ベリーズ

二泊だけ

歩いて十分程でベリーズ側のイミグレーションに着く。そこで四日間のトランジット・ビザを貰って入国を果たす。入国できるかどうか不安もあったが、入ることができた。

そこでの手続きは二十分で済み、乗り合いタクシーに乗って、そこを午後零時十五分、離れることができる。小さな国なので、今日中に首都のベリーズ・シティに着けるだろう。

乗り合いタクシーは二十分後にワンカイヨという村に着き、そこで下車する。

十五分待って、大型バスがそこを発った。

ベリーズ・シティには午後四時ちょうどに着く。いつものように人に訊きながら、安宿探しをする。

四時を過ぎているが、まだ強い日射しがある。メインストリート——といっても、幅十メートルもない狭い道だが——を行き、橋を渡り、警察署を通り過ぎ、少し行って左折した。

そして、四時半に、安宿「Posada Mexicana」に入る。五ベリーズ・ドル（＝二・五〇米ドル）

である。

この国の人たちは英語とスペイン語を話す。英連邦諸国の一員だから、英語を話すのは当然と言える。そういえばそのことの先入観もあってか、グアテマラ国境からこの国に入ったら、何となく英国の田舎の中をバスは走っているようにも思えていた。

ラジオ放送はスペイン語もあるが、多くは英語で伝えられている。こちらの見た感じでは、高齢者はスペイン語を話し、若者は双方を、そして学生達は英語を母国語にしようと――そうなるのであろうから――、一所懸命に勉強している。概ね先住民と黒人系の人たちは英語を話し、スペイン系の子弟達が英語を学んでいるといった様子だ。

こちらは町中を歩き、そして宿に戻る度にシャワーを浴びた。それ程、カリブ海に面したこの町は暑かった。予定の滞在日数を増やしても良かったが、諸々の事情からそれはできなかった。


翌日。この町で見る処はない。ガイドブックのようなものは持っていない。だから明日行くメキシコへの準備をする。つまり、そこへのバス切符を購入する。

その為のこの国の通貨を入手しなければならない。

午前九時、「バークレー銀行」が開くと共に入り、持っていたイギリス・ポンド（イギリス滞在時の残り）より、この国のドルを入手する。五ポンドが一八・五二ベリーズ・ドルとなって出て来る。

十五分後、その銀行を出て、郵便局へ行き、切手を買って、日本への絵葉書を出す。

次に、メキシコ国境へ行くバスの経営者の家へ行き——つまり個人所有のバス（Batty Busという）——、その切符を購入する。その国境、Chetumal《チェトゥマル》まではベリーズ・ドルだ。

それを入手して、もうやることはない。十時三十分には宿に戻って、もう外出しない。部屋で身体を休めている。この国ではこんな過ごし方でいいと思う。得心している。


翌七月十九日、水曜日。

バスの定刻は午前十時だ。それに合わせて宿を九時十五分に出て、そのバス乗り場には同三十分には着いている。

バスは十時少し前には来るが、やはり定刻には発たない。しかしたった十五分の遅れで、そこを発ってくれる。マァ良かった。

そして走ること四時間十分。午後二時二十五分にメキシコとの国境村に着いた。

乗客の全員（三十名程）が下車して、出国手続きをする。

三時五分、私はその手続きを終えて、国境に架かる橋を歩いて渡る。

ゆっくり歩いて、五分弱でメキシコ側のイミグレーションに着いた。

メキシコ

メキシコ国内をめぐって行く

メキシコに入った。ここから首都のMexico City《メキシコ・シティ》までが、この行程での最後の旅行だった。メキシコ・シティを発てば、アメリカとの国境まで観光する予定はなく、アメリカに入ったあとも、たぶんロスアンゼルスまでは直行することになるからだ。

メキシコのイミグレーションでは二十分程で手続きは済み、ベリーズからのバスが、終点のメキシコの、チェトゥマル村まで行く。

三時四十五分に国境を発つと、十五分でその終点の同村に着いた。

下車するとすぐに、いつものように宿探しをする。

いくつかの宿にあたり、最終的にはZaragosa通りにある、「Hospedaje San Francisco」に入る。一泊＝四十ペソ（約二米ドル）なので決める。

部屋で二十分程休息した四時五十五分、村中へと出て行く。まだ開いていた「メキシコ銀行」へ入り、米ドルとのレートの確認をし、そこを五分で出て、中心の通りを歩いて、先程下車したバスターミナルへ行く。

小さな村だが、暢びりとした空気が流れていた。ここからもカリブ海が望めた。

バスターミナルに五時四十分に入り、明日行く予定の「ムヘーレス島（Isla Mujeres）」への便をチェックする。その島への船着場のある、Puerto Juarez《プエルト・ホワレス》行きのバスの便を。午前十一時三十分発があることを確認してそこを出る。

ターミナルすぐ近くの安食堂で夕食を摂って、六時二十分に帰宿する。あとはゆっくり眠ればいい……。

この村からは、旅行者の一般的ルートになっている、プエルト・ホワレスに行き、そこで船に乗り換えて、ムヘーレス島へ行くのだ。

私のここからの予定としては、首都のメキシコ・シティまでは約一週間で辿り着かねばならない。いつものように駆け足での国内旅行になる。

というのも、そうせざるを得ないからだ。一番はアメリカ・ビザの有効入国期限が迫って来ていたからだ（九月八日までに入国しなければならない）。

あと一つは、手持ちの金が少なくなって来ていたからだ。しかしその首都に着くまでには、いくつもの場所に寄りたいとも思っている。観光個所があるからだ。しかしせいぜい二泊するのがいいところだが。

スコールの為にいくらか雨漏りのする安宿の、天井のない木組みだけの屋根を見つめて、眠りに落ちていった。

メキシコ国内をめぐる

バスの発車時刻の十一時三十分まで、少し歩く。宿を八時三十分過ぎに出て、海辺を歩く。そして九時半、食堂に入って朝食を摂る。

次にバスターミナルへ行き、プエルト・ホワレスまでの切符を購入する。九十四・八〇ペソ。十時半宿に戻り、十一時にそこを出てバスターミナルへ。そしてほぼ定刻にバスは発車する。実はここでバスを乗り間違える。行き先表示は「プエルト・ホワレス」だったので乗ったのだが、切符を買った会社のとは違っていた。そのことを、その終点近くで気づいたのだが、乗ったバスの運転手からは、改めて金を払え、と言われることはなかった（終点二十分程前の停車所でそれに気づき、後ろから来た、切符を買った会社のバスに乗り換えていた）。

こんな処が、大雑把なお国柄ということなのか。チェトゥマルからはメインルートなのか、そこへのバスが同じ時刻に複数走っているということなのだ。

四時三十分、プエルト・ホワレスに着き、下車し、次に船（というより、定員二十名程の小舟）に乗り込む。

五時十分、その小舟はその船着場を離れた。

ムヘーレス島には四十分後に着く（十ペソ）。そして船着場を出て、安宿を探す。観光地なので宿は沢山ある。いくつか尋ねて、「Hotel Poc-Na」に泊まることを決める。

一泊＝四十五ペソにプラス、シーツ代十ペソ。さらにデポジットとして、四十ペソ取られる。如何にも有名観光地だ。そのようなシステムであっても、旅行客は引きも切らない。デポジットはチェックアウトする時、戻って来るし、シーツ代は一泊目だけだ。こちらは二泊するので、二泊目は、四十五ペソということになる。

午後六時を過ぎているので、ホテルの窓からその周辺を眺めるだけにする。目的の島に着けて、満足感のあることも確かだ。明日は一日、暢びりしようと思っている。

そして、島二泊目。予定通り、海水浴と日光浴で時間を送る。島内を歩くということもない。宿近くのそこで、Panchold ビーチで、ただ時間を送る。

コロンビア領のサンアンドレス島と、このムヘーレス島で過ごして、中米・カリブ海での思い出とする。それに満足する。

そして翌日、朝七時発のプエルト・ホワレス行きの小舟に乗り、同五十分に同地に着き、次の目的地、Chichen Itza《チチェン・イッツァ》 遺跡へと向かう。

プエルト・ホワレスを八時に発ったバスは、十一時二十分に同遺跡に着き、目の前にある遺跡を見物する。今日の宿泊地は、遺跡《ここ》から西へ八十数㎞行った町、Merida《メリダ》 である。

遺跡には一時間半程居て、午後一時二十分発のバスに乗り込む。遺跡についての知識がないので、ただ見たというに過ぎない。私の旅行はいつもそんなものだ。

メリダ着、三時四十分。そしてここでも一泊＝四十ペソの安宿に入る。ホテル「Francia」。午後四時になっている。

ユカタン半島を包むように動いてこの町に至ったのだが、観光地はどこも観光客を相手にしているので、一般の町村よりすべて割高になっている。ムヘーレス島でも、チチェン・イッツァでも、そしてこのメリダでも。だから余計な飲食はしない。

メリダに着いて少しホッとしたが、翌日、次の観光個所へと動いて行く。メリダのホテルに荷物を置いて日帰り旅行に出る。

七時発のUxmal《ウシュマル》行きのバスで、そこへと向かうつもりでいたのだが……。

しかしここでもスペイン語ができないことでの無駄をする。不愉快な思いもする。同時に苛立たしさも覚える。

この朝、六時二十分にはホテルを出て、途中の食堂で朝食を摂って、同四十五分にはバスターミナルに入っていた。

そしてバスを逃すまいと、そこに居る人に尋ね尋ねしながら、ウシュマル行きのバスを待っていたのだ。

しかし尋ねる相手によって答えは異なり、七時を過ぎてもバスに乗り込むことはできなかった。ウシュマル、Kabah《カバー》経由、Campeche《カンペチェ》行きのバスは確かに七時にあったのだ。私はそれに乗り込むと、座席に坐る乗客に訊いた。すると、

「行かない」

と言う。他のバスの運転手や、バスターミナルの係員に訊いても、ハッキリ答える者は居なかった。どうなっているのか。答えが相手によってバラバラなのだ。

「この次にやって来るバスがそうだ」

とか、

「六時にそのバスは出て行ったよ」

とか。また、

「あそこに駐まるバスがそうだ」

とか。その問いは私にとってはとても大事なことなのに、彼等にとっては全く関心のないことにも等しかった。それ故、それまで話していた友人との会話を一瞬でも妨げられ、不満そうな表情で彼等は答えていたのだった。

私は今一度、そのバスの運転手に訊いた。

「このバスはウシュマル行きですか？」

と。しかし、

「ノー」

と言われ、私はその〝カンペチェ〟行きのバスが出て行くのを、そのまま見送らざるを得なかった。

一時間後の八時近くに、前面上部の行き先標示器に、「UXMAL」と書いてあるバスが構内に入って来、そのバスに乗り込んだ。

カバーまで、五十ペソ、と言う。私はウシュマルまで、と言って二十ペソを支払った。ウシュマルからカバーまで僅か二十数㎞の距離で、普通なら七～八ペソの料金区間だった。

だが、あとで聞くと、そのバスは一種の観光バスであって、メリダ↓カバー↓ウシュマル↓メリダと遺跡を回って戻って来るバスだった。従ってどの町から乗っても、一周すれば、五十ペソだと言う。つまり下車しなければ、五十ペソで戻って来るということだ。

しかし私はそんなことは全く知らず、ウシュマルでバスを降りた。一般のバスよりそれでも高い運賃を支払って。それが循環して、戻るとは。途中、一般の客も乗って来て、こちらと共にウシュマルで降りたのに。

私はとにかくウシュマルに着いた。そして二時間程を見学すると、カバー行きのバスを待った。

だがそれから二時間程は定期バスはなく、ただそこで待つしかなかった。再び金を支払って、遺跡の中に入る気はなかった。何しろ今思えば、やはりあのカンペチェ行きのバスは間違いなく、このウシュマルを、そして二十分程先のカバーを通過したのだ。

何故、運転手も乗客も、「行かない」と言ったのだろうか。私にはそのことが不思議でならない。バスターミナルに居た係員も、他の運転手も、どうしてもっとまともに答えてくれなかったのか。

他人の善意を当てにしてるつもりはないが……。いや、やはり相手に頼り過ぎているのかも知れない。もっと言葉（スペイン語）さえ話せれば、相手の言っていることをよく理解できた筈なのだから。

例えば、「あとから来る」と言った他のバスの運転手のことを考えれば、何も世話のやけない循環バスがあとから入る、と言った意味だったのかも知れない。

私はこの国が中南米で唯一のオリンピック開催国であるということを何かで知らされ、それ故に同じ中南米の国々の中でも、そのことだけによって、プライドを持っている者も居る、ということを聞いて、『成程なー』、と思う反面、どこが他と違っているのか、『全く同じではないか』と考えざるを得ない時がある。そう、そのことの方を度々思う。

メリダ → Palenque《パレンケ》

雨に打たれて、やっとカバーの遺跡の僅かな部分を眺めると（一時間程の見物だった）、早々にメリダへ戻るバスに乗り込んだ。一つ一つ予定の場所は消えてゆく。学術目的に来たならば、一つの遺跡に一カ月でも二カ月でも、いや一年でもそれ以上でも、居る価値はあるのだろうが、こちらの旅行では、ただ見られる範囲を眺め回れば、それで良かった。

マヤ民族と思われる人は多い。私にはあのボリビアやペルーの先住民と同じようにも見える。私たちアジア人と同じ顔付きをしている。彼等もアジア人種のようだが、言葉の通じないことには親しく話し掛けることもできない。

カバーから二時間後の午後五時ちょうどに、メリダのバスターミナルに戻って来る。

宿へ戻る間にある食堂で夕食を摂り、ソカロ辺を歩いて、六時四十分にホテルに戻り、この日を終えた。

翌日。パレンケへ向かうのだが、夜十一時三十分発の夜行のバス便だ。まだ丸々一日メリダ《ここ》で過ごす。いい具合に宿のチェックアウトは、午後四時でもいいとのこと。荷物を置いて、歩き回る。と言っても……。

ソカロ近くにある宿なので、「歩き回る」と言っても、その周辺に限られている。銀行へ行き、米ドルからの両替率をチェックする。ペンシルバニア銀行では、一ドル（T／C）＝二十二・六四ペソで、五日前に比べて少しドルが弱くなっている。

次にバスターミナルへ行き、パレンケへのバス切符を購入する。百三十三・五〇ペソ。そして郵便局へ、スーパーマーケットへ……。正午に帰宿する。

午後は宿のすぐ近くにある床屋に入り、髪を短くする。十五分で終わる。刈るだけで、二十ペソ。宿にすぐ帰り、頭を洗う。

四時にチェックアウトをして荷物をフロントに預け、再び散歩に出る。

メルカードへ、そして、安食堂へ。動ける範囲で動いて、メリダでの予定を終える。たぶんどの町村、都市の場合でもそうだったと思う。私の旅行（行程）は間違いなく、部分を線のように動くだけのものだ。そこに面積はない。

私にあと残されたそのような行程は、パレンケ、Oaxaca《オアハカ》、そしてメキシコ・シティだ。

今は、もう再びは来ることもないだろうこの町の、面積ではない部分を改めて見つめながら。暗くなった町を見つめながら……。

メリダを定刻の夜十一時三十分に発つ。

そしてパレンケには翌朝七時十分に着く。ほぼ定刻（七時）通りだ。そして一泊＝四十五ペソの、ホテル「Regional」に同四十五分に入り、三十分後、早速、遺跡見物へと動き出す。

町中からバスで十分程で、その遺跡に着く。八時四十五分には、その遺跡内に入っている。有名な、そうガイドブックに載っている遺跡を、それだけを順繰りにめぐって行く。

ここでの遺跡めぐりは、つまり階段の登り降りだった。そこに来た人たちは間違いなく、老若男女、すべてが登り、そして降りる。年寄りを見ていると、可哀想にもなる。決して普段はそんな急な、そして彼等にとって長いそれを、登ることはあり得ないであろうに。

私自身はいつものように散在する遺跡を歩く。順番に登り降りを繰り返す（私はまだ二十八歳なので、登り降りの繰り返しでも、それ程大変なことはない）。

一応の範囲を見て回ると、それで終わりである。来た時、乗って来たバスを降りた処で、戻りのバスを待つ。遺跡には三時間程居た。それで満足している。

十一時五十分発のバスに乗り、二十分後、パレンケの町中に戻り、下車し、宿へと戻り、まだお昼を少し過ぎたところだが、今日の行動を終える。遺跡を歩いたことで目的は達していた。

次はオアハカである。

翌日、そこへの動きをする。しかしここからオアハカへの直行便はないという。途中のVillahermosa《ビジャエルモッサ》という処で乗り換えという。バスオフィスで、そこへの切符を三十七ペソで購入する。

ここで話は前後するが、そのバスオフィスへ行く前に……。

宿を出て、メルカードへ行き朝食を摂り、すぐ近くの広場へ行く。午前十時過ぎである。どの町のそこでもそうなのだが、働いているのかいないのか、訳の分からない人たちが広場には大勢居る。

雨が降り、そして水溜まりが出来、その水で子供達は遊び回る。それは日曜でも何でもない日中の出来事である（今日は水曜日だ）。日本ではこの時刻は子供は学校、大人は普通仕事である。しかしこの辺の国々では、子供は仕事、あるいは「遊び」の繰り返しで、そして大人は……。

イタリアでもそう思ったが、この辺りの人たちは、もしここにこのような観光客の集まる遺跡がなかったら、どのようにして生活してゆくのだろうかと。勿論、なければないで何とか生活してゆくことは確かなのだろうが。

こんなある意味、尊大なことを書いた私だったが、この夜から三日間、情け無い夜を過ごすことになる……。

私が何をか書いたとしても、そして書けたとしても、それはそのどんな形のそれであろうが、自分の場所が必ずあったからだった。それは狭いスペースにしろ、一日につき何がしかの金銭を支払った代償として、こちらに与えられた部屋があったからだ。

しかしパレンケを出たあとの三日間は、私は結局、その僅かな場所を与えられることもなく、過ごさなければならなかった。

パレンケ ↓ ビジャエルモッサ ↓ オアハカ

パレンケを昼零時三十分に発つ。

ビジャエルモッサには午後二時三十五分に着く。そのバスターミナルで早速オアハカ行きのバスを探したが、無い。ここまで乗って来たバスは、「Cristobal」社である。

ここからオアハカ方面へ走らすバス会社がもう一つあると聞いて、そちらへと向かった。

市内バスに乗って、セントロ（中心）に出て、もう一つのバス会社「ＡＤＯ」に行く。しかしこの日の便は午前中に発っていて、「もうない」と言う。「オアハカへは一日一便しかない」と言う。仕方なく宿探しをする。

だが行く宿、行く宿、すべて空き部屋はない。いや「空き」がある処もあったが、その代金がこちらには払えない高さだった。それはこれまで泊まってきた額の、三倍も四倍もしていたからだ。それで諦めて、五時二十五分、「ＡＤＯ」社のバスターミナルに戻って来る。幸いにも、雨にはならなさそうだった。

バスターミナルは一日中開いている。そこで今夜を過ごすことにする。夜中の寒さと、椅子での窮屈さを我慢すれば良いと思っていた。

しかし心の芯からは暢びりとはできなかった。そんな夜の時間の経過はひどく遅い。一時間過ぎるのが、昼間よりうんと遅いように感じられた。

それで六時三十五分にバスターミナルを出て、町中を彷徨する。一時間程歩いている。

そして食堂に入り、夕食を摂り、三十分程過ごして、川辺に八時二十分に行く。そこにあるベンチに横になって一夜を明かそうとする。夜風は気持ち良かったが、樹木下のそこには蚊やら何やらの羽虫が沢山飛んで来て、とても安眠できる場所ではなかった。

九時にそこを退散する。メルカード経由で現地人の多く居る、「ホアレス公園」に入って行く。まだ十時前。彼等にとっては宵の口らしく、飲み喰い、大声で話し合っていた。

こちらは空いているベンチに腰を降ろすと考えることもなく、ボーッとしていた。すると子ども数人が近寄って来た。こちらの顔相が彼等と違うからだった。私は退屈まぎれに彼等の相手をする。こんなことで時間が潰せればとの思いからだ。

話は、「チーノ・チーノ（中国人・中国人）」から始まり、そして「空手」のことに終始した。

「メキシコでは、空手ではなく、ボクシングをするんだ」

と言って、その格好をした。こちらはベンチに坐ったまま、ただ彼等の話に合わせて、返事していた。

二時間程が経ち、午前零時を過ぎると、人々はいつの間にか消えていた。公園にはこちらの他、数人が居るのみだった。

私はまだ残っていた子どもに、

「家に帰って、寝なさい」

と言った。その表現は勿論ジェスチャーでだったが（スペイン語は分からない）。

しかし最後まで残った二人は、なかなかこちらの側を離れようとしなかった。一人は十五～六歳、もう一人は十歳位だった。大きな方の子は一所懸命、いろんなことをしゃべった。それはこちらが呆れる位、一人でいつまでも話し続けた。

「メキシコは素晴らしいだろう。綺麗だろう」

そして、

「好きか?」

と。こちらは適当に返事をした。

「日本はどんな処だ?」

と質問され、逆に彼に、

「日本はどこにあるのか、知っているのか?」

と尋ねてみた。彼は、「学校に行っている」と言っていたので、たぶん高校生位だろう。それ故に、そのことを尋ねてみたのだった。

彼はしかし、この問いには全く答えられなかった。

私は紙に地図を描いた。メキシコを中心にして、その北(上方)にアメリカを描き、そして西側(左側)に太平洋を描き示し、その先に日本と中国を、東シナ海や日本海を入れて描いた。

しかし彼は初めて見るものらしく、その地図を黙って見ていた。私が日本を示し、その海を隔てた西側(左側)にある陸地を指差して、

「この辺りがアジアだ」

「……」

「メキシコがあるのは中央アメリカだ」

こちらがそう言って、メキシコと日本との地図上での関係を示すと、やっと彼は口を開いた。

「日本はアジアにあるのか!」

たぶん彼は、「アジア」という言葉は聞いたことはあるのだが、アジアがどの辺で、そしてどのような国があるのかは、全く知ってはいないようだった。

いや彼等ラテン・アメリカ民族にとってアジアという語感は、最も蔑視に値するものだったのだろう。日本とアジアとは結びついていなかったようだ。彼が通っている学校とはどんな処なのかと思ったが、学校自体が日本でいう学校とは全く違うのだ、と私もまた勝手に解釈して、そのことを尋ねはしなかった。

私は横になりたくなり、その二人の側を離れた。そして彼等から見えないベンチへ行くと、横になった。石製のそれは背中に気持ち良かったが、夜明け前の午前四時過ぎに、寒さに眼を醒まし、そして寝ることを諦めた。誰も居ない公園を離れると、再びバスターミナルへと向かって歩いて行った。

私は夜に到着することを常々避けていた。しかしその翌日のバスは仕方なかった。ビジャエルモッサからオアハカまでのそれは、やはり一日一便しか無く、朝八時発で、オアハカ着は夜九時だったからだ。

私は雨降る中を、バスターミナルから歩き出した。

夜の雨、そして初めての土地、悪条件は重なっていた。

しかしこの町では必ず宿泊しなければならなかった。明日、予定の遺跡を見る為に。また何よりもシャワーを浴びたかった。

私は大体の方向を、人に訊きながら歩いて行った。

〝濡れネズミ〟

その通りの風体だった。「ホテル」の看板の出ている処へと行く。

しかし昨日同様、「満員だ」との言葉を聞かされるだけだった。

真実《ほんとう》は、訪ねた十数軒の宿がすべて、「満室」だとは信じられなかった。だがそこに居る受付の人間は、宿泊を拒んでいた。明らかに、濡れネズミであるこちらの風体と顔貌から……。

ガイドブックに、「親日的」とある。たぶん団体旅行者の、そして必要以上に金を落とす日本人には当然、そういった感じになるであろう。それは彼等が、宿に到く前からすでにホテルの人間は日本人と知っており、そしてまた間違いなく高額の宿泊料を払ってゆく訳だから。

私の場合は彼等にとって、何国人か分かる筈はない。よしんばアジア人である、と理解したとしても、それはまた、中国人としか映らないのであるから。

とにかく私は濡れながら、一時間半程、その町を彷徨して、この日もまたバスターミナルへと引き返さざるを得なかった。ビジャエルモッサに較べると、寒く、また雨。

こちらはそれからは（十時半も過ぎている）、その窮屈なベンチから一歩も外へ出ることができなかった。何でこんな旅行を……。

オアハカ→メキシコ・シティ

バスターミナルの中には大勢の人々が居た。しかし午前零時発のメキシコ・シティ行きのバスが出たあとには、私の他に四～五人が残っているだけだった。もう朝までバスはない。ここに居る者は私を含めて、今夜をここで過ごそうということだった。

夜中一時頃から掃除が始まった。掃き、そして水を撒き、モップで擦り、拭く。すべて終わるまで一時間程。私たちはその都度、彼等の邪魔にならないように場所を移動した。

寒かった。二時三時はまだ良く、四時半から五時半にかけてが、一番冷え込んだ。日本の夏の場合（東京でのことだが）、午前四時半過ぎには天は明るくなり始めるが、北緯十七度辺の、ここオアハカは六時を過ぎてようやく薄明るくなった。

こちらは待ちかねたように、すっかり明るくなった六時半、そこを出て歩き出した。バッグは水を吸って重かった。しかし歩かねばならなかった。ここから少し離れた処にある遺跡、「Monte Alban《モンテ・アルバン》」へのバスは、別の場所から発車するのだったから。

途中の店屋に寄ると、少し飲食し、そしてそこの主に訳を話して、荷物を預かってもらう。これで身動きが楽になる。

店を出ると、人のまだ少ない町中へと出て行く。ホテルの看板が恨《うら》めしく連なっていた。

サント・ドミンゴ教会を見て、中央広場（ソカロ）に出、そこで二十五分程休む。遺跡へのバスの発時刻は十時十分なので、まだ二時間以上も間があった。

ソカロを出て、イダルゴ通りを隔てて隣接する大聖堂に入り、十分居て、ソレダー教会へ。そこも十五分程で出て、バス会社へ行く。まだ八時十五分だ。さらに時間を潰さなければならない。

どの町に於いても、それがあれば入ってみているメルカード（市場）。そこにある食堂に入って、コーラを飲み、トイレも借りる。

この二日間の睡眠時間はトータルで五時間程。しかし体調はいつもと変わりはないようだった。

バス会社には九時五十分に戻っている。

バスは十時十分に町中を発ち、十五分後、「モンテ・アルバン」の遺跡に着く。下車して、見物に動く。

この遺跡を訪れる為にのみ過ごした無宿での二日間。今、そこに至り、その遺跡内に立ち、得心する。僅かここでの二時間の為に、これ程の難渋を強いられたのだった。

遺跡を眺めても、これもいつものように、大した満足感はない。それは来る前から分かっていたこと。ただこの国での予定の一カ所が、済んだという満足感だけだった。

日本人のパック旅行者たちが居た。中年の人たちだった（五十代、六十代、七十代）。日本人の彼等に群がる土産物売りが居る。手にはマヤの人型塑像がある。一つでも売れれば大きな儲けが出るので、売り子は必死だ。値の交渉をしている。彼等は親日的のようにも見えた。他に白人の旅行者も幾人もいたが、売り子達は白人よりも日本人旅行客の方に、より群がっていた。

一人の日本人女性が発音良く、訊く。

「How much? How much?」

それに対して売り子達は、スペイン語しか話せない。日本人旅行客達はたぶんスペイン語を理解していないだろう。

私はその会話のみを洩れ聞いて離れたので、その後どのようなことになったのかは分からない。こちらはオアハカに戻るバスに遅れないように、そこを去っていたので……。ただそのとても発音の良い、「ハウマッチ、ハウマッチ」という言葉が不思議に耳に残っていた。

戻りも十五分でオアハカの町中に戻り着いた（昼零時四十分）。これでメキシコ・シティまでにする見物は、私としてのそれは終わった。

この町で再び宿を探すということはせず、今夜のバスでその首都に向かうことを決める。これでいいと思う。この三日間、ベッドで眠ることはできないが、それでいいと思う。早くメキシコ・シティに至りたかった。そこで待っているものは何もなかったが、そこからはただアメリカを目指すだけだったから。途中の町村に降りる予定はない。

メキシコ・シティ行きのバスは夜八時発だ。それまでの時間を過ごす。

メルカード、ソカロ辺で多く過ごす。そして三時過ぎに、午前中に見た、サント・ドミンゴ教会の北側にある、「地方（文化）博物館」に行くと、何と開館は、「四時から」と言われ、それまでまた時間を潰す。開館が四時からなんて、いかにもメキシコらしい。

ソカロに戻って時を送る。靴磨きの少年が居たので、それをする。靴磨きなんて、日本に居た時もしてもらったことはない。ただここでは少年の客になる。その料金が五ペソということなので、こちらにとってても払える額だし、その少年のいくらかの稼ぎにでもなるのなら、それもいいと思えて。

三時三十分から二十分もかけて、丁寧に磨いてくれる。その彼の熱心さに打たれて、一ペソ多く渡す。日本円にすれば僅かな額《チップ》（約十円）だが、彼は予想より多いペソを手にして、ほんの少し笑みを浮かべた。

四時ちょうどに「地方（文化）博物館」に入る。ここでは正確に時間は守られた。

五時半過ぎまで館内に居る。オアハカの地に栄えた文化を中心にした、考古学的な品々が展示されていた。

そしてそこを出ると、近くにあるバッグを預けた店屋へ行き、それを受け取る。まだバスの発車までは二時間以上もあるので、その店屋で一時間程を潰す。

そしてバスターミナルには六時五十五分に入っている。

その構内でバスを待ち、午後八時ちょうどに、大型バスはオアハカを発った。

メキシコ・シティ

ＡＤＯ社のバスは定刻通り、翌朝五時にメキシコ・シティの東方面バスターミナルに着いた。こちらは車内で少しだけウトウトしただけだった。座席ではちゃんと眠ることなどできない。グアテマラ・シティを出て、十七日目（七月二十九日である）。当初の予定三週間より、数日早くこの街に着いた。ここまでの町では、いろんな意味で長逗留は許されなかったからだ。

午前五時はまだ暗い。

先程、車内ではウトウトしただけ、座席ではちゃんと眠ることなどできない、と記したが、この終点に着いた時、私は眠っていた。誰も居なくなったバスの中で一人、私は運転手に起こされ、慌ててバスを降りたのだった。やはり三日間まともに（ベッドで）眠っていないことからの、疲れが出たのかも知れない。

バスターミナル内は明るかった。しかし外はやはり雨模様だった。

中南米旅行の最後の町、メキシコ・シティ（以下、メヒコとも記す）に着いたものの、当然に西も東も分からない。日本から持参した旅行案内書に載る簡易な地図はあるが、中心部のみのもので、用を足さない。グアテマラ・シティの宿で会った日本人旅行者に書いてもらった、この町での安宿を目指そうと思うが、ひとまず外が明るくなるのを待つ。

一時間半後の六時半過ぎにようやく空の青さが見え始め、私は出ることにした。近くにあった地下鉄《メトロ》へ。ともかく中心・中央へと目指す。

その San Lazaro《サン・ラザロ》駅からは乗り換えをしなければ、中心の Zocalo《ソカロ》へは出られない。メトロ一号線で Pino Suarez《ピノ・スアレス》駅に出て、そこで下車し、メトロ二号線に乗り換える。

目的駅、ソカロには七時二十分に着く。そして安宿を探して歩く。

初めての町故に、うまくは歩けない。迷い迷いして三十分後、やっと Uruguay《ウルグアイ》通りにある、宿とする「Hospedaje Asturiana」に着き、荷をほどく。一泊＝四十ペソ。

今日は夜行バスの疲れもあって、もう外出しない。午前中も午後も、ベッドでずっと休んでいる。


——先程乗って来たこの国の地下鉄のことを、少し書く。

初めてのメヒコでの地下鉄。入る時に入れた切符は自動改札機に入ったままで、手元にはない。当初、ロンドンや札幌のそれのように、改札機の先方に飛び出して来るものと思って待っていたが、出ては来ず、他の客に倣《なら》ってそのまま歩き出した。待っていた姿勢を思うと滑稽である。

料金は一・二〇ペソ。正規料金なのかどうか……。何しろこの国もイタリア同様、ペソ以下のセンタボスの釣り銭は、ほぼくれない。

バスは公共機関でありながら、まずそのセンタボスの釣り銭は出ない。私はそんなに価値のないものかと思っていたら、何と二十センタボスで公衆電話が掛けられるのだ。私は何通話分、損をしたか？

そういえばこのメキシコはどうやら、イタリアに似ているような気もして来た。その地下鉄、最初の乗車で支払った金額、一・三〇ペソ。どうして十センタボスを余分に支払ったのか、というと、二ペソ支払ったあと、辛うじて出て来た釣り銭を勘定したら、七十センタボスしかなく、その分余計に、だったことが分かったのだ。

フランス以下の南欧を除いた西側諸国では考えられないことだ。やはり米国に最も近い――あらゆる意味で――と自負しているメキシコのようだが、結局はどこと変わることはない、ラテン・アメリカの一員に間違いない。同国人が同国人を別人種と見る、それは決まってこういった国々にある。それは言葉を換えれば、金持ちが下層階級を……。故に私のような異国者に物乞いは金をたかる。

愚かな金持ち権力者達は、下層の彼等を人間とは見ていない。果たせるかな、多くのラテン・アメリカの人たちは、その金の、権力の持ち具合こそ違え、やはり同じ穴の中に住み暮らす民族なのだ――と、ここまで書いて、日本（日本人）も大して変わらないかも……とも思う。

私はあと少し彼等の中で、暢びりするつもりでいる。

首都、二週間

翌日から少し、このメキシコ・シティでの時間を送る。

今日は、「Teotihuacan《テオティワカン》（ピラミッド）」見物に出掛ける。

ソカロから地下鉄（二号線）に乗り、Hidalgo《イダルゴ》駅で下車し、メトロ三号線に乗り換え、五分後に「Tlatelolco《トゥラテロルコ》駅で下車し、そこで地上に出る。そこにあるバス停から市バスに乗り、十分程、北方面バスターミナルに着く。同ターミナルから「テオティワカン」行きのバスに乗る。

午前十一時発。一時間半後に終点のそこに着く。

そしてそのピラミッドを見物して回る。多くの観光客が居る。

午後二時二十分、見物を終え、同四十分発のバスに乗って、三時五十五分、先程の北方面バスターミナルに戻って来る。そして、市バスに乗り換えて、地下鉄トゥラテロルコ駅へ。

同駅《そこ》からも来たルートを戻って行く。メトロ三号線に乗り、Balderas《バルデラス》駅で下車し、メトロ一号線に乗り換えて、ピノ・スアレス駅で下車する。四時三十分である。そこからは歩いて宿へと戻る。途中のメルカードで夕食を摂って、五時四十五分、帰宿する。二日目が終わる。

三日目は、午前中のみ市内見物に費やす。ツーリスト・オフィスへ行き、「アトランティコ銀行」に入って両替率を眺め、そのあと日本大使館へ行き、手紙の回収をする。月曜日なので、やっとそこは開き、回収できる。

そこから「Chapultepec《チャプルテペック》公園」→「国立人類学博物館」（休館日だった）、そしてReforma《レフォルマ》大通りに戻り、その大通りを歩き、コロンブス像の建つサークルから、Morelos通りに入り、その通りにある安食堂に入って、昼食を摂る。「昼食一式」を食べて、十八ペソである。満足して、そこを出て宿へと戻る（午後一時四十五分）。

午後は郵便局へ行った位で、あとはブラブラして過ごす。何もすることはない。すぐにはアメリカを目指さない。この町に二週間程居る。それはアメリカで過ごすより、メキシコの方がすべてに亘って物価が安かったからだ。

四日目以降、特別なこともなく――特別なことをすることもなく――、ただ時を送って行く。

この日、昨日訪れた「アトランティコ銀行」で両替をする。アメリカドルの三十ドルが（T／Cだが）、六百八十一・六〇ペソになる。一ドル＝二十二・七二ペソだ。宿代は四十ペソなので、二ドルはしない。マァいいと思う（現金だと、一ドル＝二十ペソ程で、率は良くない）。

五日目。「アトランティコ銀行」で、今日は日本円（T／C）の両替をする。五千円が、六百九・五〇ペソとなっている。一ペソは、八・二〇円程だ。四十ペソは約三百二十八円だ。やはりこの町で時間調整するべきだろう。

六日目。

朝食をと、宿近くの路上に出ている「タコス」屋台でそれを食する。その時、メキシコ人に声を掛けられ、彼はこちらを日本人と知ると、好意的になった。こちらも彼の風体、雰囲気から、「問題ない人」と判断して、この町では特別することもないこともあって、誘われて、彼、SAUL《サウル》氏の家へと行く。彼は大学生という。

ピノ・スアレス駅からメトロ一号線に乗り、Gomez Farias《ゴメス・ファリアス》駅（空港方面にある）で下車して、歩いて十分程で彼の家に着いた。

そこから彼の車に乗り、南へ。一九六八年に開かれたメキシコ・オリンピックの際に使用されたスタジアムに行く。それは大学都市（メキシコ国立自治大学）の中にある。彼はそのオリンピックが東京の次に開かれたことを知っていた。故に日本人であるこちらを誘った感もあった。

その会場（大学都市）を案内してくれた。

二時間以上そこに居て、車で彼の家に戻り、昼食を頂いた。

その後、やはり彼の車で、今度は北へ三十分程走り、「Guadalupe《グアダルーペ》寺院」へ行く。そこを二時間程見学し、次に五時五十分に「野球場」に入り、それも観戦する。メキシコも日本同様、野球が盛んという。サウルの、私に対する好意の印だ。

八時三十分に野球場を出て、車で中心の「ソカロ」に出て、近くの食堂で遅い夕食を摂り、九時四十分、彼と別れる。いい一日が過ごせた。

七日目から一週間後の十四日目まで、特別なことをすることもなく過ごす。

銀行に行き、両替率をチェックし、日本大使館に行って、手紙の有無の確認をし、「国立人類学博物館」へ行ったりして、七日目を終える。

八日目は、食事に外出しただけの、休養に当てる。

九日目。

午前中はどこにも出ず、昼に食事に出て、一時過ぎに宿に戻ると、そのロビーで日本人に声を掛けられる。彼も旅行者というので、話が合い、再び外に出て、カフェへと入る。

彼、水野氏と知り合って、この町での滞在が少し退屈ではなくなる。彼はこの宿には泊まっておらず、同じウルグアイ通りにあるホテル「ONTARIO《オンタリオ》」に居るという。彼も話し相手を求めて、こちらの泊まる宿に来ていたようだ。

話の合う人なら、こちらも退屈しのぎが出来ていい。何しろアメリカへ入るまでの、時間調整の為に、この町に逗留しているだけだったのだから。

この日は、その後もずっと彼と一緒に居る。途中から彼の友人という、メキシコ娘三人も合流して。

八時四十分、五人でレフォルマ大通り近くにある日本料理店に入り、夕食を摂る。

十時三十分、同店を出て、十一時過ぎ、Alameda《アラメダ》公園近くのカフェ「DENNY」に入り、午前零時を過ぎてもまだそこに居て……。

私が宿に戻ったのは、午前一時四十分だった。

メキシコ・シティからTijuana《ティファナ》へ、そしてアメリカへ

十日目。

何も予定はない。水野氏の泊まる「オンタリオ・ホテル」に十時少し前に行く。そして今日も彼と行動を共にする。

彼の用件で警察署に行き、それは十分程で済む。

次に、ピノ・スアレス駅からメトロ一号線に乗って、Insurgentes駅下車で、日本大使館へ。私の用で。手紙が届いているかのチェックである。

そしてそこから歩いて十五分程にあるカナダ大使館へ（十一時五十分、入館）。どうやら彼はカナダに長逗留するので、そのビザを申請しに来たのだ。

その手続きは一時間以上かかり、午後の一時を過ぎて、やっと同大使館を出る。

その後はレフォルマ大通りにある食堂で昼食を摂り、「アラメダ公園」を通り、その近くにある「本屋」に寄って、四時五十分に「オンタリオ・ホテル」に戻って来る。

私はその後一旦、宿に戻ると、七時三十分、再び「オンタリオ」へ行き、同ホテルに泊まる、水野氏以外の日本人旅行者たちとも会って、話をして過ごす。それは夜中の四時まで続いた。

時間はアッという間に過ぎていた。十分後、自分のホテルに戻って、眠りに就く。

十一日目も大した行動はない。動き出したのは午後一時を過ぎていた。近くの食堂で昼食を

し、郵便局で用事を済まして、帰宿する。

夕方、「オンタリオ・ホテル」に行き、また日本人と話し、夕食を一緒し、夜中の零時過ぎに、自分のホテルに戻って来る。

十二日目。

午前中、銀行に行ったり、「アラメダ公園」辺を散歩して過ごす。そして宿には戻らず、昼零時二十八分、地下鉄Juarez《ホワレス》駅からメトロ三号線に乗り、バルデラス駅で一号線に乗り換えて、ゴメス・ファリアス駅で降り、サウル氏の家へ行く。在宅していた彼に、三日後にこの町を離れることを伝える。そして、別れの挨拶をする。

彼の家に三時間程居て、地下鉄駅に戻り、一号線でバルデラス駅乗り換えで、三号線で、この町滞在二日目の日に降りている、トゥラテロルコ駅へ行く。そこからは市内バスで、北方面バスターミナルに向かう。

十三分後にそのバスターミナルに着き、バス会社の窓口へ行く。三日後、八月十二日発のアメリカとの国境の町、ティファナへの切符を購入する。七百二十六・四〇ペソ＝約三十二・三〇ドル。これで予定通り進めば翌々日、八月十四日の朝には、その国境の町に着くだろう。

今日は夜七時三十五分に「オンタリオ・ホテル」に行き、水野氏他の日本人と、今日も午前零時まで過ごしてから、帰宿する。

十三日目も、午後一時過ぎから動き出す。それはただ昼食の為に（起き出すのが遅いので、朝食は摂っていない)。それを済ますと宿に戻り、夜まで部屋で過ごす。

午後八時、「オンタリオ・ホテル」に行き、十一時少し過ぎまで居て、宿に戻って来る。

十四日目。八月十一日、金曜日。

この町に泊まるのも今日までだ。といっても、その行動はこれまでと変わることはない。

「オンタリオ・ホテル」に午前十一時過ぎに行き、水野氏と共に市内を動き回る。こちらの用件で日本大使館へ行き(手紙の確認)、昼食後、今度は彼の用件で「カナダ大使館」へ行く。

そして地下鉄で中心に戻り、電話局へ行く。彼が国際電話を掛ける為だ。

それを済ますと、夕食を摂り、「オンタリオ・ホテル」へ。

最後の夜だ。今日も夜中四時近くまで、その日本人たちと話している。


八月十二日、土曜日。

北方面バスターミナルからのティファナ行きの、「Tres Estrellas de Oro《トレス・エストレリャス・デ・オロ》」社のバスは、午後一時発だ。宿を午前十一時に出れば、遅れることなく、そのバスターミナルに着くだろう。

十時過ぎに朝食を摂ると、「オンタリオ・ホテル」に行き、水野氏たちに別れの挨拶をする。

それは五分程で済む。

宿に戻り、荷物を整えると、予定通り十一時ちょうどに、そこを出る。

十分後、ソカロ駅に着き、地下鉄でイダルゴ駅乗り換えで、ホワレス駅には同二十二分に着く。そこで地上に出て、市バス（7D）をバス停で待ち、すぐに来たそれに乗り込む。

十一時五十五分にはその北方面バスターミナルに着いている（昨夜、日本人旅行者から、同バスターミナルへは、ホワレス駅近くのバス停から市バスで行かれると、教えられていた）。

長距離バス、ティファナ行きは定刻より二十五分遅れた、午後一時二十五分にバスターミナルを発った。

隣にはメキシコ人と思われる中年の婦人が居る。車内はほぼ満席だが、比較的綺麗な大型車で、移動に問題はなさそうだ。そして……。


翌日も一日中、バスの中で過ごす。各停車村では停車し、朝食、昼食、夕食時刻にはそれなりの停車時間――といっても十五分から二十分程度だったが――が設けられていて、バス停車場に居る、食料販売人から何がしかのそれを調達して、空腹をしのいでいた。

二日後の朝八時四十五分、終点のティファナのバスターミナルに着いた。

近くにあった牛乳を売る店で、五百ml入りのそれを飲んで朝食とし、九時五分には歩いてメキシコ側の国境管理事務所へと向かう。

バスを降りた幾人かが同じようにその事務所へと向かっているので、彼等の後《あと》を付いて行く。

九時二十分、そこに着き、イミグレーションで出国スタンプを貰って、メキシコをあとにする。そこを出ると、決められた一本道を通って、アメリカ側へと入って行く。一つの建物の中、つまり同じ屋根の下に、アメリカ側のイミグレーションもある。

三分後にその窓口に達し、パスポートを提示する。ビザがあるので問題ないが、入国目的と滞在期間を問われ、それをクリアして、九時四十分にはその建物を出ることができている。

この旅行最後の国に入国できて、取りあえず、ホッとする。メキシコとアメリカとの間には一時間の時差があり、一時間を戻す。つまり八時四十分である。

歩いて五分程の処にある「グレイハウンド」のバスオフィスに入り、そこはアメリカ地名では「San Ishidro《サン・イシドロ》」となっており、そこからロスアンゼルスまでのバス切符を購入する。

九時二十分発の同社のバスに乗って（実際は同三十五分に発った）、その国境の町をあとにする。もう何も心配することはなくなった。あとはロスでの宿を確保すればいい。

正午ちょうどに、ロスの「グレイハウンド」社前に着き、そこから日本人街の「リトル東京」へ歩いて向かう。十分も歩けば至る。

そしてその中にある、ホテル『まさご』に荷を下ろす。

無事、ソ連・ナホトカから始まった旅行は最後の国、アメリカに達した。それなりにいくつもの経験をした旅行となった。たぶん二十代最後の、少し長かった旅行となるのだろう……。

――旅は一種の夢に似ている、という。その夢から醒める時が……。

了

あとがき

四十年以上前の旅行記録に、ほとんど意味はありません。情報ということでも、無価値です。

そもそも「国」としての、ソビエト連邦も、東ドイツも、今はありません。

各都市・町村に於ける、通り名や建物・施設名、ホテル・ペンション等の名称も変わってしまっている処が多くあります。

フランス以降、西欧諸国移動の折、何度も言及し、それを利用していた「ユーレイルパス」は現在では、当時とは中身も名称も変わってしまっています。

また、これも度々言及した、T／C（旅行小切手）も現代の旅行では使用されないものです。

当時、ブラジルのナショナル・フラッグだった、「バリグ航空」も、今はもうありません。

ではなぜ、今更このような古い旅行記録を出すのか。

それは二〇二〇年に出来した、「コロナ（禍）」によることも、遠因としてあります。

所謂、「巣籠り」を余儀なくされて（高齢者なので）、このような古い過去の記録文を読み返す、ということになって。

ただその文章を読み返してみて、無駄、無意味が多いことを思い知らされています。

また、南米、中米編での記述で、その内容に今なら疑問を感じる箇所も多々あります。しかしそれでもそのままで形にしようと思ったのは、旅行当時のことを思い出し、それなりに自分に正直な記述もあるような思いもして。あの頃の偽らざる気持ちを記したものと思って……。そして全体として、一九八〇年以前のソ連やヨーロッパや中南米の、当時の雰囲気を少しでも感じてもらえれば、（筆者なりに）満足できる、と。

この旅行で出会った人たちは、今はどのような日々を送られているのでしょうか。多くの方が六十代以上になられていると思われます。

本文の中で登場された方も含めて、気になっている人を記してゆきたいと思います。

横浜からナホトカへの船中で一緒になった、関田孝司さん、野中健次さん。

イギリス、ロンドンで知り合った、当時神戸大学生の馬場幹彦さん。

本文中に記した、チリ、アントファガスタで数日一緒した、「イタロウ」さん（正確な氏名は、たぶん聞いていなかった）。

ペルー、リマの宿舎、「西海」で少しお話をした、「タチバナヒトミ」さん。またその「西海」を発つ時から、コロンビア入国までご一緒した、本文にも登場した、増田明生さん。

グアテマラ・シティの宿、ペンション「メサ」でお話しした、奥濱幸雄さん。同氏にはメキシコ・シティでの安宿等の情報を教えて頂きました。

そして、メキシコ・シティの宿で会い、その町滞在中に、多くの時間を共にした、本文中にも登場した、「水野ミチヒコ」さん。

そのメヒコの、水野氏の宿で同じく知り合い、ロスアンゼルスの宿でも再会した、中田真一さん、藤井賢さん（このお二人とは、そのロスからハワイまでご一緒して、そこでも共に過ごしました）。

やはりメヒコの宿で会い、ロスで再会し、近郊の「ナッツベリー遊園地」に一緒に行って、楽しい時を過ごした、上羽雅俊さん。

それから記述は戻りますが、ナホトカへの船中で会った当時小学生だった、小森谷俊一さん。彼はその後、立派に成長し、今では世界をかけめぐる活躍をされています。

このような多くの人と出会った旅行でもありました。

コロナ禍の現在にあっては、当時のような自由で気ままな国境越えはできないでしょう。言葉を換えれば、それができていたことは、やはり幸せだったのかも知れません。

一日でも早く、そのような日常に戻ることを願ってやみません。

出版にあたって、文芸社編集部、中村一孝さん、元編集部の、田辺史織さんに大変お世話になりました。末筆ながら、お礼申し上げます。

二〇二一年二月

著者

著者プロフィール

鈴木 正行（すずき よしゆき）

1949年、東京都出身。
明大二法、早大二文、明大二文、各卒。

ナホトカからティファナまで
一九七七年十一月～一九七八年八月

2021年7月15日　初版第1刷発行

著　者　鈴木 正行
発行者　瓜谷 綱延
発行所　株式会社文芸社
〒160-0022　東京都新宿区新宿1－10－1
電話　03-5369-3060（代表）
03-5369-2299（販売）

印刷所　株式会社エーヴィスシステムズ

ISBN978-4-286-21921-9